ランニング思考

Run and Think

本州縦断マラソン1648kmを走って学んだこと

慎泰俊

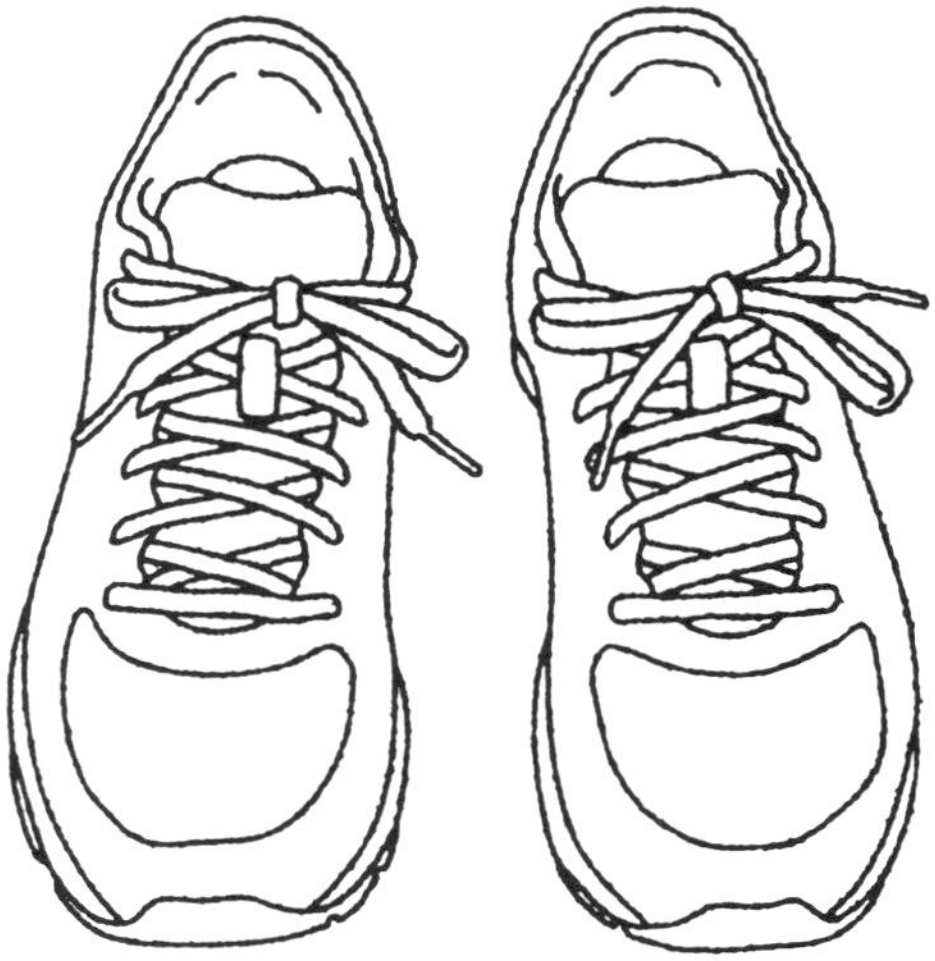

晶文社

デザイン　アジール（佐藤直樹＋菊地昌隆）

はじめに

思えば、嫌なことがあれば、いつも走っていた。

高校サッカー時代。どんなに練習しても思うように上達しなかった僕は、二軍の試合にも出してもらえず、先輩と同級生の笑い者だった。悔しい思いをして泣きながら、高校の隣にあった富士見中学校の周りを４００ｍダッシュした。何度も何度も。

大学生の頃。寮の人間関係でとても苦労した。僕は不器用なので、周りの人と適当に合わせて生活することができなかった。動物的な本能に従って自堕落に生活する「大学生」たちのことが理解できなかった僕は、周囲から孤立していた。どうしても耐えられなくなった時は、寮の近くを流れる玉川上水を上流まで10㎞走った。

大学卒業後。僕は結局行けなかった留学のための勉強をしていた。普通に受験して「いい大学」に入って普通の「いい会社」に就職していたらどんなに人生楽だったろうと思っていた。社会的に無であることは本当に苦しかったけど、目の前に控えた英語試験の勉強のために、英語の教材を聴きながら毎日10㎞を走っていた。

走って走って、身体を疲れさせると、頭が面倒なことを考えないようになり、前向きな気分になった。汗と一緒に嫌な気分も多少は流れていってくれた。この期間に摂食障害にもなったけど、走っていなかったらはるかに酷いことになっていたかもしれない。ある意味で、僕は走ることによって救われていたのだと思う。

23歳まで悩み続けた後には幸運も重なり、全く違った生活をするようになった。24歳からは世間的にいえば「いい会社」に入り、初年度から年収1千万円超の高給取りとして働くようになった。26歳になって働きながら始めたNPOも注目されて新聞・雑誌・ラジオ・テレビに出るようになった。27歳でファイナンス理論の入門書を出版した。

当時の僕は自意識が強くて、自分の「世間ランキング」がどこまで上がるのかを考えていた。ソーシャルメディアをやれば、フォロワーが何人増えるのかが気になったし、ソーシャルメディア上で批判をされたらムキになって反論せずにはいられなかった。

そんな中、28歳で転職した先は、外資系投資銀行やコンサルティングファームなどに入社した人の中でも一握りの人しか入れない会社だった。NPOの活動が評価され、29歳の時には世界経済フォーラムの30歳未満日本代表にも選ばれた。世間ランキングここに極まれり、といったところだ。上昇志向がとても強かったハラボジ（祖父）に盆・正月の墓参りをする度に、状況を誇らしげに報告した。


逆境から這い上がってきた人間は、こんな風にコンプレックスと自意識の塊になりやすい。もちろん、特に若い時期にはコンプレックスや自意識が人間の原動力となることはある。でも、そういったものに囚われている人というのは、自己の精神が何かに隷属しているわけで、実はとても惨めな状態にある。

そして、多くの人がその精神的奴隷状態から抜け出せないまま人生を過ごす。もっとお金が欲しい、もっといい人と恋愛をしたい、もっと世間から注目されたい、もっと、もっと、もっと。本当はとても憐れなのに、当の本人たちは自分が成功者と思っていることが多く、とても悲しくなる。

それだけではない。自意識やコンプレックスに囚われている人は、決して自分の力を最大限に引き出すことができない。なぜなら、「周りからどう見られるか」を気にしてしまい、自分の心の声と行動が一致しないからだ。心の赴くところと行動が一致しない限り、人は自己ベストを発揮できない。


自意識とコンプレックスの塊である僕に解放をもたらしてくれたのは、ウルトラマラソンだった。とても大切な友人がいなくなってしまったあと、思い出をなぞりたいがために、フルマラソンしか走ったことのなかった僕は208㎞を走るレースに参加した。形容しがたい痛みと苦しみを経験した末にこのレースを完走した時、肩に乗っかっていたいろんな精神的な重荷が落ちて、今まで自分を苦しめていた思い出が、実はそんなに大したものではないことに気づいた。それは人生で初めての経験だった。

徹底的に打ちのめされる経験をして、心の底から自分のちっぽけさを思い知りながら、それでも目指すゴールに向かって行動を続ける時、僕たちは自分一人でできることは何もないことを思い知る。人の優しさや運命のめぐり合わせに感謝することを知り、心は素直になっていく。自意識やコンプレックスというのは心の複雑骨折のようなものだけど、曲がった心が真っ直ぐなものになっていく。

　また、苦しみ抜いて長い距離を走りつづけると、あるタイミングでとても静かな世界に足を踏み入れることにもなる。もちろん実際には周囲に音はあるし痛みもあるのだけど、それが違う星の出来事であるかのような、静謐な世界。この上なく心が安らぐ場所で、そこでは静かに自分を見つめることができる。修行を重ねた僧侶が瞑想する時に見える法悦の世界はこういうものなのかもしれない。

　それにしても、苦しみはほんとうにたくさんのことを教えてくれるし、そういった経験からしか学べないことは間違いなく存在する。誰だって人生においていつかは修羅場を経験するが、非常に長い距離を走ることを通じて、僕たちはそういう試練を意識的に作り出すことができる。

　逃れようのない長い苦しみを意図的に作りだし、苦しみの中で自分を静かに見つめながら、心を整え、仕事や人間関係、生き方について大切なことを学び取ること。一言で言えば、僕が長い距離を走る一番の目的はここにある。初のウルトラマラソン経験の後、僕は、心が疲れてきた時には長い距離を走るようになった。まだ解けないわだかまりはたくさんあるけど、長い距離を走って苦しみ抜くたびに、僕は心の重荷を一つずつ落としてきたように思う。

僕は凡庸なランナーだ。なので、この本は長い距離を速く走る・完走する方法を主題にした本ではない（多少はそういう内容を書いているが）。そういった本が読みたい人は、プロのランナーやトレーナーが書いた本を読めばよいと思う。ランニングを通じてダイエットをしたい人にも、本書は全く役に立たない。確かに走ると痩せるけど、ダイエットをしたいのであれば、毎日適切な量の有酸素運動をするだけでいい。

この本は、才能のないランナーだからこそ人一倍苦しみを味わった経験を通じて、僕が学んだことを主題にしている。自意識から抜け出すこと、心を整えること、弛《たゆ》まずテキパキと物事を進めること、運命のイタズラに文句を言わず感謝すること、など、僕は、自分の人生を本質的に変えたこの学びを、本書を通じて可能な限り伝えたいと思っている。

この本は、昔の僕のように、自分が抱えている自意識やコンプレックスから抜け出すことができずに困っている人には役立つかもしれない。また、普段から運動をしていて、それによって心が落ち着くことを経験している人にも、参考になる部分があるだろう。

とはいえ、僕が本書で書いたことを完全に理解してもらうためには、フルマラソンをやっと完走できるような状態で200㎞のレースを走ってみたり、アキレス腱が切れかかるくらい足を酷使しながら真夜中の冬の山奥を走ってみたりする必要があるかもしれない。その意味では、本書の最大の理解者はウルトラマラソンのランナーたちなのだろう。

本の構成としては、僕が走ったレースのうち特に大きな意味合いを持っている佐渡の208㎞ウルトラマラソン、520㎞の川の道フットレース、1648㎞の本州縦断マラソンの三部立てとなっている。それぞれのレースにおけるランニングの記録を書きながら、そこから僕が得た学びを書いている。本州縦断マラソンは長くなったので、ランニングの記録そのものは巻末付録とした。

本書を通じて、走りたいと思う人が一人でも増えますように。

謝辞

この本が世に出られたのは、編集者の安藤聡さんのお陰です。「素人のウルトラマラソン」という、普通に考えたら本になり得ないテーマで本を書けたのは、本書の打ち出し方に対する安藤さんのセンスがあったからこそです。心から御礼申し上げます。

本書は自分と向き合って書いたものなので、誰かに原稿へのコメントを求めることはありませんでした。とはいえ、私がこの本を書けたのは、私が走る度に応援をしてくださった皆さんのお陰です。特にお世話になった方々については、本書で紹介させて頂きました。本当に有難うございました。

ランニング思考　目次

2　川の道フットレース520㎞

3　本州縦断1648km

1648kmを走って学んだこと　142

付録　本州縦断マラソン道中記

終わりに
――千日回峰行を満行した阿闍梨に会って克己と仕事について考える　241

ランニング思考

1

佐渡一周マラソン208km

いなくなってしまった人の思い出をなぞるため

9月17日の午前6時にスタートし、19日の午前6時までに佐渡一周206km を走るという「佐渡島一周エコ・ジャーニーウルトラ遠足206km」の存在を知ったのは、僕がこのレースに実際に出場する一年前のことだった。その時、僕は友人と日光の中禅寺湖に遊びにきていた。当時のマイブームだった『ハゲタカ』という経済小説の舞台も、マンガの『頭文字《イニシャル》D』に出てくるいろは坂も見てみたかったから企画したのだが、投資ファンドの若手の悲しみは、いつどこにいてもどんな仕事が降ってくるのか分からないことだ。

9月上旬にしては肌寒いなか、日光の山奥にあるこの湖を眺める喫茶店のテラスで、僕は突然やってきた上司からの指示をうけて、仕事を片付けていた。友人が携帯で Twitter を熱心に見ている。

「何見てるの?」

「友だちがこのレースに出てるんだ。前の年もチャレンジしてたんだけどリタイアしてしまっていて、今年も挑戦している。48時間で206kmを走るのはとても大変で、最後にはマラソンなのに歯が痛くなったりするんだって」

世の中にはなんと過酷なレースもあるものだ、という思いが一瞬頭をよぎっただけで、このレースのことは頭からさっと消えていった。多くの忙しい人にとって、見知らぬ他人の苦しみというのは、2、3秒の感興を巻き起こす程度の力しか持っていない。僕のマインドシェアはまた目の前にある大量の仕事メールを片付けることに費やされた。必要に応じて財務モデルを修正し、文章を書き、プレゼンテーション資料の図を追加した。

僕がこのレースのことを思い出したのは、その友人ともう会えなくなってしまった後だった。お互いのことを尊敬して大切に思っていても、ふとした行き違いとかタイミングのずれで、もう連絡がとれなくなる友だちというのはいるのだと思う。いくら言い訳をしても、時間が経たないと解決しないものもある。彼はその一人で、仲直りをしたかったけれど、もう彼は留学と海外勤務で遠くに離れていってしまった。今彼はどこにいるのだろう。生きていて、幸せな人生を歩いてくれていたらいいのだけれど。

かけがえのない人がいなくなってしまった時、人はその思い出をなぞろうとする。超長距離のレースを走るアスリートの中には、レースで亡くなってしまった人の弔いでウルトラマラソンに出場する人が多い。僕のトライアスロン用の自転車を組んでくれたオミノさんも、トライアスリートである親友の弔いのために、数年ぶりの長距離トライアスロンに参加すると言っていたなあ、といったことも思い出す。

今から考えるとあまり論理的にピンとくるものではないのだけど、そういったことで、２０１１年９月に開催されるこのレースを走ることを、翌月に30歳になる僕にとっての20代最後のチャレンジと決めた。

早速に問題にぶつかった。このレースは、過去に１００㎞以上のレースを走ったことがあるランナーしか参加できないという決まりだった。ウルトラマラソンにはこういう制約が課せられていることが多い。経験の浅いランナーがいきなり長距離を走るのは危険だからだ。運営者の方に電話で相談したところ、「トライアスロンの長距離レースを完走できるのなら、１００㎞走る力があるということでしょう」とのことで、特別に参加が許された。このトライアスロンも奇しくも佐渡で行われるもので、３・８㎞泳ぎ、１９０㎞自転車をこぎ、そこから42・２㎞を走るというレースだった。

２０６㎞なんて走ったことがないので、どのように練習をすれば良いのかすら分からない。ウルトラマラソンの練習グループは世の中にたくさんあるが、それは平日の夕方や週末を規則的に空けられる人々が参加するものであって、僕には向いていなかった。さらに言うと、僕はどうもこういったグループに属するのが苦手ということもある。一人で走りたい時に走りたい。

会社の同僚で、ウルトラマラソンランナーに友人が多いハブさんに相談をしてみたら、彼女が24時間耐久ランニングの世界チャンピオンである井上真悟さんに練習内容を聞いてきてくれた。24時間で273kmを走った井上さん曰く「1週間でその距離を走れるようになれば、本番でも走ることができる」のだという。

ということは、7日間毎日30km走ることができれば、完走できるということだった。夜、仕事の合間に着替えて会社を抜け出し、皇居をぐるぐると走る日々が続いた。かなり複雑な仕事上の案件を追いかけている真最中だったので、走りながら電話会議に参加する日もあった。話を聞いている時はミュートにして、話す時はマイクをオンにして話した（話している時、「ハアハア」と変質者っぽくなっていなかったかが心配だ）。

この、午後6時頃にオフィスを出て10時に戻ってきてはまた仕事、という生活が、僕にとっての２０１１年の夏だった。ちなみに走りながら一番よく聴いていた曲は、X Japan の Rusty Nail。僕は走る時に苦しくなってくるとよく歌を流す。その歌のテンポに合わせて足を前に踏み出すと、少し気分が楽になるからだ。それに、この曲の「どれだけ涙を流せばあなたを忘れられるだろう」という歌詞は、僕の置かれている状況にずいぶんと近かった。流しているのは涙でなく汗だけど。

いくら走っても不安は消えない。40㎞や50㎞走るだけで足が痛くなる。こんなに苦しいのに、２０６㎞もどうやって走るのだろう。

でも、レースのその日はやってきた。

レース本番初日

２０１１年9月16日金曜日。レース直前は仕事がなかなか忙しく寝不足だったが、有給休暇をもらって朝寝坊をして、佐渡のある新潟へ向かう。

新幹線に乗って新潟に着いた後、駅の中にある薬局で買い物をする時に荷物をチェックして青ざめる。参加条件として明確に記載されているゼッケンがない。急いで事務局に電話して事情を説明したら「何とかしましょう」と話してくれた。助かった。

新潟からジェットフォイルに乗って佐渡に着いたのは17時頃。そこからバスに乗って、会場である「めおと旅館」に着いた頃には陽が完全に沈んでいた。佐渡特有の奇岩がたくさんある海辺のホテル。受付には誰もいないので、すでに始まっている前夜祭の会場である地下の大広間に向かった。

僕が想像していたのは、レース前の緊張感たっぷりにご飯を黙々と食べている人々の姿だったのだが、その予想は完全に裏切られた。そこはただの酒盛りの場だった。出走者の90数名のほとんどが酔っ払い、異常な盛り上がりになっている（なお、ランナーの1割くらいは、レース開始後も走りながらビールを飲んでいた）。ちなみに、ウルトラマラソンの選手の平均年齢は高い。今回の平均年齢は50歳くらい。これは随分と後の話であるが、どうやらどのウルトラマラソンの大会も前夜祭はこんなもののようだ。記録に固執する人もいるが、走ることそのものを楽しんでいる人が多いからなのだろう。

酒盛りが終わったのは21時も過ぎた頃。お風呂に入ってバックパックに荷物を詰める。重たいものはなるべく持ちたくないが、なんだかんだで3kgくらいにはなった。準備が終わったら眠りにつく。緊張でなかなか眠気が来ないし、相部屋となった4人のうち、2人が激しく酔っ払っていて騒ぎ続ける。酔っぱらいの一人はウルトラマラソンのベテランらしく、「ウルトラマラソン自体初めてなの？　じゃあ、明日から死ぬね〜」と激励なのか脅しなのか分からないコメントを残してくれた。言われなくてもそんなことは分かっている。完走ができればそれでいい。

レース当日の9月17日、起床は夜明け前の午前4時。ランナーみな、もぞもぞと起きだして、食堂で黙々とご飯を食べる。さすがにこの時にはみんなの面持ちも緊張感があるものになっている。食後にお風呂に入って体を温め、着替えをしたら準備完了。

天気は雨。今日は一日中雨が降るようだ。

僕のゼッケン番号はもともと375番だったのだが、ちょうど376番の人が不参加となったらしく、主催者の方はそのゼッケンを僕に手渡してくれた。レース前に各人に渡されるナンバープレートは、マジックで「5」を「6」に書き換えることで、準備が完了した。

375番ゼッケンを376番に書き換えてもらった

午前6時、いよいよスタート。100人も参加者のいない小さな大会なので、スタートの鉄砲等もない。大会主催者が「スタート」といい、ストップウォッチのタイマーをピッと押すと同時に、皆が走り始める。

友人との思い出に区切りをつけるのが目的だった僕にとって、目的は完走することだけ。50㎞を走るだけで膝が痛くなるのは練習でも分かっていたので、完走のためには膝への負担が少ないように歩きに近いフォームで走る必要がある。だから、ランニングのフォームに移る前に、黙々と1㎞くらい歩き、体が温まってきたところで走り始めた。

佐渡は山でできている島なので、島一周と言ってもアップダウンがかなり激しいことは、トライアスロンの経験から分かっていた。上り坂は筋肉疲労を早め、下り坂は筋肉崩壊を早める。だから、今回は、上り坂も下り坂も全て歩くとはじめから決めていた。

200㎞超のウルトラマラソンでは、マラソン大会のように道順を示す大きな看板は当然ながらない。何枚もの地図を手渡され、その地図だけを見ながら進む。携帯電話の地図アプリに慣れている現代人には、なかなか厳しい設定でもある。実際に、僕は何回も道を間違え、何キロも距離をロスしている。

4時間走ったところで、30㎞地点のエイドステーションに到着。ほとんど疲れていないので、食べ物だけは食べて、すぐにエイドを発つ。雨が相当に強かったので、靴はぐちゃぐちゃになっている。

少し走って40㎞を通過したところで、佐渡の名物であるZ坂に到着。道がZ型になっている長い坂で、トライアスロンのレースで自転車を漕ぐ時には最初の山場になる場所でもある。ここはひたすらに歩く。このタイミングで応援に来てくれた友人のアミが合流したので、世間話をしながら前に進んでいった。ずっと上り下りが続き、それが終わった時点で45㎞を通過。平地になったので彼女と別れて走りだす。

このあと、仕事の電話をしながら走っていたら、また道を間違える。海岸に向かうための細い下り坂に入っていく必要があったのだけれど、間違えて国道の上り坂を進んでしまう。誰にも会わないので変だなあ、と思って下の海岸線を見ると、300mくらい下を米粒くらいに小さく見えるランナー達が走っている。さすがに50㎞を通過したところで数キロも道を間違えるとどっと疲れる。でも、しょうがない。

海岸線に戻り、ゴツゴツした岩場を1㎞くらい進むと、賽の河原という佐渡の名所につく。ここには子どもの霊を供養する地蔵が無数に置かれている。「積み上げられている石を崩しても次の日にはまた積み上がっている」、「置いてあるものを持っていったら祟りにあう」という言い伝えまである、いわゆる心霊スポットだ。そんな言い伝えを知らずとも、この場所はすごく厳かなオーラを放っていて、写真を撮ろうという気持ちにもならず、願掛けだけをして通りすぎる。僕はこういった子どもの供養のための場所を見ると、心から拝みたい気分になるような経験をしたことがある。今になって実の親と暮らせない子どもたちの支援をしているのも、このことと関係があるのかもしれない。

賽の河原を抜けた後に少し走ると第2エイド到着。初日最後のエイドで、ここから仮眠所までは46㎞を走り続ける必要がある。基本的にゆるやかな海岸線沿いを黙々と走る。一緒に走る人もいないので、ひたすらにマイペースで走る。

仮眠所まで残り20㎞地点で日没がやってきた。場所によっては文字通り真っ暗になるので、参加者に携帯が義務付けられているヘッドライトをつける。

もともと僕は腸脛靭帯炎《ちょうけいじんたいえん》をこの期間ずっと抱えていた。通称「ランナー膝」といわれるこの炎症の症状は、長く走ると膝の外側の筋が炎症を起こして痛み出し、最後には歩いても痛くなるというもの。長い距離を走るレースでは、僕はずっとこれに悩まされ続けてきた。そんな膝の状態がすこし悪くなってきたので、大事を取って歩くことに決めて歩き続ける。

思うとこれが失敗だった。後で気づいたのだけれど、走る時に使う筋肉と、歩く時に使う筋肉は違うので、実は歩きと走りを交互にするのが一番筋肉へのダメージの蓄積が小さい。交互にするべきだった。

ウルトラマラソンでは、こういった、体験ベースで得る知恵がものを言う。１日で終わるような１００㎞のレースならまだしも、２日以上走るようなレースでは、痛い思いをしながら、文字通り「思い知る」経験なしには大変な失敗をすることになる。

激しい雨のなか4時間ひたすら歩き続けるうちに、腰に負担がかかってしまい、今度は腰まで痛くなってきた。「ほんとうに勘弁してください」、と思っていたところで、やっと仮眠所に到着した。

仮眠所への到着時間は午後10時で、これはほぼ予定通りだが、体調は全くそうではなかった。満身創痍というのはこういうことかと思う。

大事を取って歩いたにもかかわらず、膝はちょっと上げただけで痛くて、身体が冷えてくると足を引きずらずにはいられない。腰もすごく張っていて、嫌な重たさがある。冷たい夜の雨に打たれたせいか、喉は痛くて熱がある。さらに、雨の中を走っていたので、足はひどい水ぶくれ。靴が濡れているので、普段鍛えて硬くなった足の裏の皮もふやけてしまうからだ。厚さ5ミリ、直径2~3センチくらいの大きなものが数箇所できている。

他のベテランランナーたちも同様に水ぶくれに苦しめられていた。リタイアしたおじさんは、「水ぶくれの処置を誤ると菌が入って大変なことになるので本当に注意するように。俺は一回放っておいたら足が3倍くらいに腫れて、慌てて病院に行ったことがある」とアドバイスをくれた。

そんな僕たちを見ながら、主催者の方は「今回を通じて皆が雨の中の足を知って、また一つ強くなる」と満足そうだった。

最初から最後までそう感じ続けたし、今もあまり本人たちの目の前で言えないけれど、ウルトラマラソンのランナーは頭がおかしいと思う。走りながらビールを飲んだり、消化に全く良くないカップラーメンとか唐揚げを食べてみたり、ほぼ眠らないで徹夜で走っても平気だったり、だけど徹夜で走ることで白昼夢を見て、その白昼夢の話で盛り上がったり。

そんな、頭のネジが二、三個外れてしまった人に、明らかに通常人である僕が混じっていると、あたかも言葉が全く通じない国で昔ながらの魔術に根付いた生活をしている部族に、何かの間違いで紛れ込んでしまった現代人になったかのような錯覚に陥る。「なんなんだこの人たちは」という言葉が、頭のなかに何回浮かんだことだろう。この主催者さんの言葉を聞いた時も、僕は「やっぱりこれは変態のレースだ」と改めて思った。

明らかに人外の人びとを見ながら、常人の僕は途方に暮れる。ここから残り１１０㎞を走るのかと思うと気が遠くなる。１１０㎞なんて人生で一度も走ったことがない。しかも、この身体中痛くてもう眠って一週間くらい休憩したい状態で１１０㎞を走るのか。

これは、20代最後で一番追い込まれていた瞬間のひとつに間違いない。

応援にきてくれたアミとアキの2人がいなかったら、もしかして僕はここでリタイアしていたかもしれない。この2人が交代でマッサージとストレッチをしてくれた。片方がマッサージをしている間に、もう片方が僕の靴を乾かしたり、荷物の整理をしてくれていた。他のランナーはそれも全部自分でやっているのに、自分だけ特別扱いで少し恥ずかしくはあるけれど、ただただ2人に感謝する。そして、この2人の応援に応えるためにも、とりあえず行けるところまで行こうと決める。

12時半くらいに眠りにつく。筋肉痛や炎症のせいで身体中が熱い。これ以上ないくらいに汗がでる。布団をかぶってもいないのに、汗が止まらない。雑魚寝部屋で眠っているので、他のランナーのいびきが聞こえたり、もう出発するためにガサゴソと準備をしているランナーもいて、なかなか眠れない（ランナーによっては徹夜で走り続ける）。

iPhoneを取り出して、音楽を聴くことにする。このウルトラマラソンを走るきっかけをくれた友人が教えてくれた曲をリピート再生で聴き続ける。もともとap bankフェスという音楽イベントのために櫻井和寿さんと小林武史さんが作った「to U」という曲で、僕が好きなのはボーカルのSalyuがピアノと一緒に歌うアレンジをしているバージョン。Salyu特有の伸びのある歌声が心を落ち着かせてくれる。

ひどい熱を出した時にもそうするのだけど、苦しいのに眠らなければいけない時に、音楽は本当にすごい力を発揮する。この曲のお陰で、僕はようやく眠りにつくことができた。

レース本番2日目

熱を出すといつも見る悪夢がある。数字と文字がものすごい勢いで頭の中を流れ続ける。流れる方向性にも全く統一性がなく、とにかく文字と数字の波をジェットコースターで泳ぎ続けているような感覚になる。

そんな夢を見ている僕を誰かが揺り起こす。アキだ。僕が時間になっても起きてこないので、仮眠部屋にまで来てくれた。彼は、「3時間だけ眠る」と言っていた僕を起こすために徹夜してくれた。アミも同様に、夜を徹して服と靴をドライヤーで乾かしてくれていた。この日以来、僕はこの2人に何か頼まれごとをしたら、なんでもすると心に決めている。だけど、2人からお願いごとをされることはなく、僕は２人に何もお返しができていない……。

まだ3時50分で真っ暗。周りにはまだ眠っている人もいるし、僕ももう少し眠りたかったけれど、なんとか起きる。２人がいなかったら起きられたかどうか。

テーピングをして仮眠所を出たのは４時10分くらい。夜道は危ないと聞いていたので、同じ時間に出発しようとする２人組についていく。

後になって振り返ってみると、この時間に出発していなかったら、僕はゴールできなかったと思う。タイムがどう、というより、様々な理由によって。

ひとつめの理由。僕が出発した頃に部屋でまだ眠っていた人の大半はリタイアした人だった。大抵の人は仮眠所でもほとんど眠らず、眠っても1時間程度だけですぐ出発するようだ。一人で走るのはずいぶんときついことだ。あの時間に出ていなかったら、誰にも追いつけないまま僕のレースは終わっていたかもしれない。

ふたつめの理由。この時たまたま一緒に道を出たコイズミさんは、僕と走るペースが同じで、とても用意周到な人だった。彼女の持っていたテーピングやサプリに僕は助けられることになる。

みっつめの理由。仮眠所を出て1時間くらいして見た、佐渡の朝焼け。昨日までの雨がきれいに空のチリを落としてくれたからか、今までで見た朝焼けの中でも最も美しい朝焼けだった。オレンジ色の光が、町と山を優しく包んでいき、見渡すかぎり全ての風景が染まっていった。

その光のなかで、なぜだか分からないのだけれど力がみなぎってきた。この時点でまだ残る距離は105㎞以上あったのだけど、なぜか、「これは完走できる気がする」という気になった。

たいていのウルトラランナーのように異常な体力を持たない僕がウルトラマラソンを走っていると、人間のちっぽけさを思い知る。それとともに気づかされるのは、自然の持つ力の偉大さと、それに対する感謝の気持ちだ。感謝という言葉では足りず、敬虔さの混じった畏敬の念といってもいいかもしれない。

水と大地と太陽のありがたみ。僕たちはずっとそうやって、時に自分たちに対して牙を剥くこともある自然を神と崇め、それに寄り添って生きてきた。満身創痍の状態で迎える太陽は、こんなにも、人に力を与えてくれるのか。

元気を与えてくれた佐渡の朝焼け

天照大御神や大日如来、インティ（インカ帝国の太陽神）をはじめとして、太陽神が多くの伝承において神の中の神とされているのも、今なら分かる気がした。電灯も何もない暗い夜、獣たちの襲来に怯えながら暮らしていた僕たちの先祖は、毎日毎日まさに神のような正確さで昇ってくれる太陽に、文字通り拝みたくなる気持ちになったに違いないと思う。

ゲーテは、「空気と光と、そして友達の愛、これだけが残っていれば、気を落とすことはない」と言った。本当にありがたいことに、僕には全てが残されていた。

真っ赤な朝焼けの中を、走り続ける。

残り１００km地点で水ぶくれが破れた。ここで、コイズミさんにウルトラランナーの水ぶくれ治療法を教わる。曰く、水ぶくれに3ミリくらいの穴を空け、そこに軟膏を流し込み、水ぶくれの中にまんべんなく行き渡らせるのだという。最初はとてもしみるのだけれど、1時間も経つと痛みが完全になくなるとともに、消毒が済み、化膿することがなくなる。

残り90km地点で右すねの筋肉が痛くなる。シンスプリントと同じ痛み。と

昨夜の大雨でできた水ぶくれを切って、中に軟膏を流し込む

はいえ休むことはできないし、ここですねをかばってフォームを崩すと全てがダメになるので、足をなだめすかしながら走る。距離が伸びてくればくるほど、身体の至る所が、意外な場所を含めて痛みだす。

5時間ほど走りと歩きを交互にしながら、2日目の第3エイド到着。この時点ですねは相当に損傷。このエイドでリタイアした方にコールドスプレーを分けてもらって、すねに吹きかける。

とにかく僕は準備が悪い。コイズミさんが持っていた軟膏も、他の方が持っていた小型のコールドスプレーも持ちあわせていなかった。ただ、これは単に僕の準備が悪いだけではなく(確かに小学生の頃は1年で200回は忘れ物をして、ランドセルすら忘れたことが2回ある)、僕が初心者であることに起因していた。

持ち物をどうするかというのは、ウルトラランナーの知恵の結晶だ。レースでの持ち物は自分の怪我しやすいポイントや体調などを考えてカスタマイズされる必要があり、遠足の持ち物のように必要項目を埋めれば良いわけではない。荷物が重ければ重いだけ身体は重くなるので、他のランナーたちは電池一本の重みも考えて荷物を選び、持ち物は、ハプニング用に持っているものを除き全てきれいに使い切る。一方の僕のバックパックの中には、結局最後まで使わなかったものがいっぱい残っていた。

その後長いレースを続ける過程で、僕の持ち物はずいぶんと減っていった。それとともに、小学生の頃は「ドラえもん」というあだ名がついたほどになんでも持ち歩いていた僕の普段のカバンの中身は、最近はずいぶんと軽くなった。昔には考えられなかった手ぶら移動も増えたし（小さい文庫本をポケットに突っ込む）、1週間の海外出張に出る時でさえ、スーツを包みこむカバン（ガーメントバッグというらしい）だけで行くようになった。これだと全て機内持ち込みが可能になるので、毎回毎回そわそわしながら荷物を待つ必要がないし、現地についてからも早く動ける。

ミニマリズムは、僕が憧れる文体でもあり、生き方でもある。必要なものを、必要なだけ。あってもなくてもよいものは不要として色々なものをそぎ落としていくと、本当に大切なものが何かということが分かるようになる。

そのミニマリズムに辿り着く一つの方法として僕が学んだのは、本当に必要なものは何かを知らないと大変な目に遭う状況に身を置くことだ。過剰の中にあると、必要なものは見えてこなくなる。

2日以上をかけて走るウルトラマラソンをするようになって、僕の周りからは本以外のモノが減っていった。そして、過剰なモノに囲まれていた頃より、必要最低限のモノを有している今のほうが、生活ははるかに豊かになった気がする。必要なものが全て存在しているという満足感があるからだろう。

最後の80㎞

脱線してしまったが、佐渡のランニングの話に戻ろう。まだ80㎞残っている。

空を真っ赤に焦がしていた太陽はもう大分上に昇り、強い日差しが黒いシャツとタイツに照りつける。自分の服が黒でなかったら良かったのに、と少し後悔する。

残り72㎞地点で、仮眠をとってから追いついたアキとアミが待っていてくれた。昨日渡しておいて受け取るのを忘れていたサプリを取り、この暑さでは全く不要になったと思っていたレインコートを預け、ランニングを再開する。

右すねを無意識にかばっていたからか、今度は右足首が痛くなる。動かすだけでズキズキする。でも休みようがないし、死ぬ痛みではなさそうだから、フォームに気をつけて走り続ける。

そうこうしているうちに、小木《おぎ》港に到着。トライアスロンのレースでは、バイク最後の山場である小木坂がある場所。幸いにも薬局があったので、冷感成分が入っているコールドスプレーと栄養ドリンクを購入。痛くなってきた腰に吹き付ける。

小木を通り過ぎ、激しいアップダウンの坂道を越えて宿根木《しゅくねぎ》へ。昔ながらの美しい家が立ち並ぶ場所。カメラを持っていなかったのが悔やまれる。今度走りに来る時は、何があってもカメラは持ってこよう。

さらに走り、午後5時頃に最終エイドに到着。ここまでは予定通り。残り48㎞だから、時速4㎞で歩いても間に合う。

足首がもう異常に痛い。筋肉が機能しなくなった結果、筋に負担がいっているのか、ズキズキと痛む。

一緒に走っていたコイズミさんが、見かねて「これ使う?」と出してくれたのが、ニューハレのテーピング。

「私も足首が弱かったのでもしものために取っておいたのだけど、この調子だと大丈夫そうだから」

神様だ。

このテーピングで足首を固定してみたら、足首の痛みがかなり和らいで、すごく楽になった。これなら行ける気がする。

ゴールまでお店もほとんど無さそうだし、そもそも田舎では夕方には店が閉まるので、エイドに残っていたカステラやおにぎりを食べられるだけ食べて、最終エイドを出発。

最終エイドを出発して少しすると、もう辺りは暗くなる。このあたりは人里離れた寂しい海岸線。宵がかりのなか淡々と打ちつける日本海の波を見ていると、世界の最果てにやってきたかのような寂寥感がこみ上げてくる。ここを一人で走っていたら、どんな気分になるのだろう。

ここから10㎞くらい進んだ後、またまた痛恨の道間違い。電灯の全くないあぜ道で、15分くらい途方にくれる。

しょうがないので、元いた場所まで戻ると、そこで地元のおじいさんが夕バコをくゆらせていた。地図を見せて、「ここに行きたいんです」というと、車を走らせて、道案内をしてくれた。当然車には乗らず、後から走ってついていく。

電灯の無い道をさらに7km弱走ったところで、やっと大通りに出た。ここでまた休憩。自動販売機で何かを買おうとしたら、スポーツドリンク系がことごとく売り切れていた。前にきたランナー達が買っていったのだろう。ビリから何番目かを走っていると、こうなる。

休憩中はなかなか大変だった。夕方に腰に吹きつけたコールドスプレーが、必要以上に強力でまだ冷感が強烈に残っている。座っていると寒くて震えてくる。歯がガチガチ鳴る。レインコートはさっき預けてしまったので、寒くて困る。

やっと車が通行できる大通りに出たので、多分アキとアミがどこかで待ってくれているだろうと思った。

一緒に走っているコイズミさんは半信半疑だった。

「だって、こんな時間だし、どこにいるかも分からないし。あの2人も疲れているでしょう」

「いや、ぜったいあの2人はどこかにいます」

この信頼はどこから来るのだろう。よく分からないけど、確信だけがある。果たして、大通りに出てから5㎞ほど走ったところに、2人の乗っているレンタカーが停められていた。待ち疲れたのか、2人とも眠っていた。窓をノックして、充電に預けていた携帯電話とレインコートを手にする。走りながらずっとTwitter中継をしていたので、途中で6時間くらい中継が途切れていることを、Twitterで僕のランニングの様子を見ていた多くの人が心配してくれていた。

ここで残り32㎞。時間はまだまだある。

ここから先はまた長いアップダウンの繰り返し。それが終わると、最後の海岸線沿いの長い一本道。トライアスロンのレースではここを自転車で突っ走るのだけど、常に強い向かい風が吹いている。季節の風なのだろう、今日も強い風が吹き続けていた。その中を黙々と走り、ついに佐和田に到着。残り16㎞。

もう足首もかなり痛い。テーピングをしているとはいえ、痛み出してからもう70㎞は走っているのだから当然だ。でも、まだ走ることはできるので、歩くことと交互にジョギングを続ける。ストップウォッチを使って、2分走って、また2分歩いて、の繰り返し。

レース前に手渡された20数枚の地図も残り2枚になっていた。最後の1枚を覗いてみると、ゴールまでの距離が208㎞と書いてある。一瞬頭がボーッとする。「208㎞? 206㎞でなく?」なんと、「佐渡206㎞エコジャーニー」という名前を冠しているにもかかわらず、これは208㎞のレースだったのだ。このタイミングで2㎞距離が伸びるのは随分とクラクラするが、人生もそんなものだ。詮無い悩みはしないで、走り続けよう。

残り10㎞。足はもう大変な状態だけど、まだ大丈夫。ここでとんでもない故障にあうのだけはいやなので、慎重に足を進める。佐和田を超え、相川に向かうまでの最後の道に向かう。またここでも激しいアップダウン。残り3㎞地点まで、このアップダウンはずっと続く。

残り2㎞地点で、ゴールが遠目に見えてきた。残り1㎞地点では、アミが待っていてくれて、最後の伴走をしてくれた。ゴールでは、アキがカメラを持って待ち構えていた。

そして、無事にゴール。

時間は46時間30分。元々は42時間ゴール予定だったが、足の痛みで大分遅れてしまった。とはいえ、時間内に着いて本当に良かった。

結局2日目は午前4時から次の日の午前4時半まで、ずっとコイズミさんと一緒に走っていた。この人と一緒でなかったら走り切れたかどうか。

「お疲れ様でした！」

と2人で握手。

早速お風呂に入りすっきりしてから、ビールを飲んでまったりする。ソファーに寝転んでいたら、いつの間にか眠りについていた。

46・5時間かけて、208mを完走。20代最高の笑顔だった

フルマラソンしか走ったことのない人が200㎞を走ると何が変わるのか

めぐり合わせ

完走した直後に、アキが感想を聞いてきた。

「どう？　２０８㎞走りきってみての感想は」

「運が良かったし、周りに助けられた」

疲れている時に、人は考えたことを脳内で検閲にかけずにそのまま話してしまうらしい。

「運がいいだけじゃ、２０８㎞も走れないよ」と、アキは笑う。

僕は、口をついて出たこの言葉の意味を何日か真剣に考えてみた。そして、これこそが、僕がこの佐渡を走って学んだことの真髄なのではないかと思うようになった。

正直なところを言うと、特に初日は、完走した後には「やりゃできる」とか「要は気合」とか威勢のいいことを言ってやろうと思っていた。

そう思っていたから、神様に懲らしめられたのかもしれないけれど、初日を走り終えた時の満身創痍の状態から110km以上を走り切れたのは、どうも自分の力のように思えなかった。神様の思し召しと、友だちの愛と、あとはほんの少しの運のお陰としか思えない。

レースに限らず、何かを達成しようとする時、個人の努力とか意志はすごく大切だと思いはするけれど、物事がうまくいくかどうかは、それ以外の多くの事に依存していると思う。天気だったり、周りの人々の助けだったり、道端に落ちている石ころだったり。

僕にとっての佐渡のレースはまさにそうだった。初日の土砂降りの雨と、足にできたたくさんの水ぶくれ。マッサージをしてくれ、服を乾かしてくれ、要所要所で待っていてくれたアキとアミ。2日目の朝焼け。コイズミさんのくれた軟膏とテーピング。すれ違った人たちの励ましの言葉。

運命のいたずらに文句を言わず、人の優しさに感謝して、自分にできることをする。そして、結果として何かを達成できたとしても、決して奢らず、感謝すること。それが、僕の得た最大の学びだったのだと思う。

思えば、僕の人生は、「なんで自分だけ」と思うことの連続だった。家庭の経済状況も、生まれ育った政治的環境も、自分のアイデンティティも、スポーツの才能も、恵まれていなかったと感じていた。「性別が男性である」ということを除き、自分がメインストリームにいたと思えたことは、20代後半になるまで一度としてなかった。それをなんとか努力で埋め合わせてここまで辿り着いたと思っていた。

でも、「なんで自分だけ」と思う必要は全く無かったことに気づいた。人それぞれ自分に配られたカードがある。そのカードを使って、一度きりの人生をプレイする他にない。もともと良いカードを貰えた人は、何らかの成功を収められる確率も高いのだろう。でも、そうでない自分のカードを嘆いたところで何も変わらない。悲嘆に暮れる暇があるのであれば、少しでも良い結果が得られるように努力することに時間を費やしたほうがはるかによい。

しかも、最近気がついたことは、配られたカードよりも、そのカードでどのようにプレイするかのほうが人生に対しはるかに大きな違いをもたらすということだ。

30代になるくらいには、そういった境遇を笑い飛ばせるくらいになれたら素晴らしいと思う。苦境を笑い飛ばすユーモアはいつでも生きる力を与えてくれるが、自分の生まれた環境でさえ笑い飛ばせるようになれば、大抵の苦労は気にしないようになれるはずだ。

思ってみると、僕は恵まれていた。「何で自分だけ」と思うことも多かった僕の人生においては、その状況から抜け出すために必要な全てのものが与えられていた。

あれから3年後、僕は起業をした。自分が生きているうちに、世界中の人に必要最低限の機会の平等がある世の中を作りたいと思っている。そのような世の中を作りたいのであれば、まず自分の境遇を恨むことからは決別する必要があるのだと思う。そして、起業の目的が達成できるかどうかは、神様が決めることだ。人間である僕は、ただ自分のなすべきことをするだけだ。

強さとはなんだろう

佐渡のウルトラマラソンを通じて、強さについての考えも少し変わった気がする。どんな時も自分を穏やかな気持ちで見つめられること、どんな大変な状況でも余裕をもてることが強さの一つの表れなのだと思うようになった。強さと荒々しさは全く別物だという考えが強くなった。

最後の数十キロ、身体中が痛かったし、風の音も波の音も強かったのに、僕は本当に静かな世界の中にいた。自己顕示欲はどこかに打ち捨てられ、肩の力が抜けていて、自分の中にこんなに穏やかな空間があるのだろうかと驚かされた。

結果として、このレースを走りきった後、僕は人から馬鹿にされても気にならないことが多くなった。人から貶《けな》されてカッとなったりするのは自己顕示欲、いうなれば自分可愛さがどこかにあるからだ。その自分可愛さは、人間の判断を誤らせるのみならず、見苦しい自己弁護によって自分を必要以上に傷つけ、あれこれと思い悩んだり仕返しの妄想をしたりするために大切な時間を奪っていく。

吉川英治の鏤骨《るこつ》の大作である『宮本武蔵』の最後の一節が思い浮かぶ。佐々木小次郎を倒した後にも人びとからの嫉妬混じりの批判を受け続けたこの剣豪の物語を閉じるのにこの一節をもってした作家の思いが、今ならより一層理解できる気がする。

「波にまかせ、泳ぎ上手に、雑魚は歌い雑魚は踊る。けれど、誰か知ろう、百尺下の水の心を。水の深さを。」

深い海の底のようにしんと静まり切った、何にも動じない精神状態を持ち続けたいと思うようになった。それは、その人が自らの仕事をやり抜くための力になるとともに、その仕事に隠しようのない輝き（しかもにぶい輝き）をもたらすのだろう。

そんなことを感じながら、僕の20代は終わっていった。これまでよりずっと肩の力が抜けて、自意識からずいぶん距離を置くことができている。この状態で10月1日から30代を迎えられるのがすごくうれしかった。このレースのきっかけとなった友人に対して抱いていた割り切れない思いも、綺麗さっぱりと昇華していた。いつか仲直りして楽しくお酒を飲める日がくればいいし、来なかったとしてもそれはそういうものなのだろう。

走ることは瞑想すること

佐渡の２０８㎞のレースが終わってから、僕と走ることとの関係は本質的に変化した。本当に素晴らしい関係は、時間が経つうちに質的によりよいものへと深まっていく。その変化は漸次的に起こるというよりは、弁証法における量質転化の法則のように、あることがきっかけで突発的に起こる。ただし、その「あること」は、これまでの積み重ねなしには決して訪れない。

これまで、僕と走ることとの関係は、どちらかというと、Marriage of Convenience（現世ご利益的な関係のこと）とでもいえるようなものだった。

年をとる毎に脂肪が乗っていってお腹が大きくなるのはどうしても受け入れがたい。脳は身体とつながっているので、健康な状態にある身体は健全な精神を保ってくれる。それに、運動をすることは気晴らしにもなるし、こんがらがった考えを解きほぐすのにも随分と役立つ。すなわち、僕にとって走る理由は、メリットベースのものであって、他によりよいメリットをもたらしてくれるものがあれば、それに乗り換えるのに何の躊躇もなかっただろう。お金、ネットワーク、名声、身体といった理由だけでつながっているカップルと大差ない。

今でさえ、走ることがある程度メリットベースのものであることは否定できない。それでも、この佐渡のレースを通じて、僕にとって走ることは以前とは違う意味合いを帯びるようになってきたのも事実だ。

どう変わったのか。

走ることが、教師、人生の一部、瞑想の時間になった。

走ることは、予め期待していた分かりやすいメリットを飛び越えて、人間が生きていく上で大切な学びを僕にもたらしてくれるようになってきた。素直さ、謙虚さ、自意識を脱すること、生活のリズムを保つこと、物事をそつなく粛々とこなすことの大切さ、など、数えきれないほどの生きる知恵を、僕は走ることを通じて身をもって学んだ。人や物事と素晴らしい関係が築かれることは、その人なり物事が自分にとっての教師となるということなのだと思う。

また、走ることは僕の人生から切り離すことのできない一部になってきた。走ることは単なる日課を越え、それなしには生きていけないものになってきている。このままいくと、関節が壊れてしまわないかぎり、僕は走り続けていると思う。一番心配なのは膝の軟骨なのだけど、僕がお爺さんになるころには、膝の軟骨を再生させる治療法が確立されていることだろう、と願っている。

長い距離を走っていると、自分自身の心が安らぎ、自分を振り返ることができる。しばらく考えていたら、瞑想が一番それに近いことに気がついた。座禅を組むことと走ることが同じであると言うのは、いささか言い過ぎかもしれないが。肉体的な感覚が遠のき、心にさざなみ一つ立たない究極に静謐な世界は、そういった物理的に静かな場所をつくることでなく、自分の心をそういう状態におし上げることで初めて訪れる。

天上の楽園はこの世にはなく、あるとしたらその人の心の中にこそある。その楽園に辿り着く方法は色々とあるのだろう。もしかしたら、僕にとっては、走ることがその楽園に辿り着く手段なのかもしれない。まだまだ、その精神世界に永住するには、長い長い時間が必要そうに思えるけれども。

コラム1

はじめて大会で42kmを走った時の話

実は、僕はフルマラソンの大会に出場したことがない。大勢の人と一緒に走るのが嫌いだし、応募しても落ちたりするのであまり応募する気分にもならず、というのが大きな理由だ。

はじめて42kmを走ったのはいつかというと、初のウルトラマラソンの舞台となった佐渡でのトライアスロンのレースだった。朝6時に出走をして、夜9時半までに3・8km泳いで、190km自転車を漕いだあとに42・2kmを走る。このレースも記憶に残っているので、ちょっと書いておきたい。

まず、ハプニングは走る前にアバラ骨にヒビが入ったことに始まる。大会の2週間前、自転車に乗っていたら、前を走っていた車がいきなり左折して、僕はガードレールにそのまま叩きつけられた。ぶつかった時には、とても強いボディーブローを食らったような感覚で息ができない苦しさだった。

病院に行くと、「肋骨骨折の疑い」と診断される。なぜレントゲンまでとって「疑い」なのかが不思議だった。走ったり、せきをすると結構痛い。折しも風邪がまだ治らずせき込んでいるので弱り目に祟り目になってしまった。

お医者さんに「この状態で出走した場合、最悪どうなりますか？」と聞いたところ、「治りが遅くなるし、痛くなる」という答えが返ってきた。骨が内臓に刺さったりして内臓が壊れるみたいなことにはならないそうなので、いい根性だめしになるだろうと思って出走を決める。

この時にも助けてくれたのは鍼灸師のモリタさんだった。彼は最後の最後まで痛みが取れない膝の靭帯と肋骨に鍼を打ってくれた。アバラに鍼を刺すのは人生初の経験でずいぶんと痛かった。

モリタさんの鍼灸院がある三鷹からJR在来線で大宮へ行き、新幹線で新潟へ。新潟からジェットフォイルで1時間すると佐渡の両津港に到着する。そこからバスで30分強をかけて会場へ到着した。

選手登録をして、宿に向かう。僕のバイクを組んでくれたオミノさんのトライアスロン仲間と同じ宿に泊まったのだけれど、ほとんどの人は前日から泊まっていたようだ。

佐渡のおいしい海の幸を食べた後、明日の起床時間が知らされる。

「明日は3時起床、4時に出発します」

はや。僕としては4時半までは寝ていたかったのでちょっとショック。理屈としては正しいのだろうけど、できれば直前まで眠っていたい。やっぱり集団行動は苦手だ。

次の日は、無事3時に起床（正直に白状すると、同じ部屋の人にたたき起こされた）。真っ暗な部屋で起きて、ご飯をたくさん食べる。とにかく長丁場のレースなので、スタミナ勝負。レース中はまともな食事ができないから、朝のうちに可能な限り食べておく。

そして、会場に4時過ぎには到着。こんな早い時間には、誰も来ていないだろうなあ、と思いきや、すでに駐車場は埋まりかけていてビックリする。会場でチェックインを済ませ、いよいよ出走準備。大抵のトライアスロンのレースでは、腕に自分の選手番号をマジックで書いてもらうのだけど、日差しが強い日にレースをすると、レース後にこのマジックを書いてもらった部分だけ日焼けが弱くなるので、番号が日焼け跡として腕に残ることになる。これが好きな人もいる。

気持ちよく晴れた空の下、吹奏楽隊の人たちがファンファーレを鳴らすなか、午前6時ちょうどにレースがスタート。

ストップウォッチのスタートボタンを押す。長い一日が始まった。

トライアスロンのスイミングでは、数百人（今回は700人）が一斉に海に泳ぎ出すので、序盤はかなり混雑して、狭い水槽に大量の活きのいい魚を放り込んだような感じになる。頭に他人の手が覆いかぶさることもよくある。

肋骨がやられているので、少しの接触も命取り。スピードを少し犠牲にしても、誰にもぶつからないように気をつけた。バタ足をしている誰かの足が顔に当たり、ゴーグルが落ちるというアクシデントもあったけれど、無事に泳ぎ切る。タイムは90分弱。予定通り。関心があるのは完走のみ。

水泳から戻ってきたら、トランジションエリアで、自転車（なぜかトライアスリートの人たちは自転車をバイクと呼ぶ）に乗る準備をする。ここには、各選手の自転車とランニング用のシューズなどが置かれている。

海水を吸って重くなったウェットスーツを脱いで、自転車用の靴を履いてスタート。記録に敏感な人は、この時間を減らすために最大限の注意を払うのだけど、僕はとにかくゆっくりでもいいので何か持ち物を忘れたり装備を忘れたりしないほうに注意を払う。

ポシェットには、昨日買っておいたクエン酸スティックと、タイヤがパンクした時のためのゴムチューブと、iPod。そして、膝にはサポーター。サポーターをすると可動領域は狭まるのだけれど、7時間自転車を漕ぐ時のフォームが少しでもぶれると、そのブレが靭帯の痛みにつながり、走りがまともにできないと考えてのこと。

自転車はとにかく距離が長い。190kmなので、平均時速30kmで走っても、6時間以上かかる。もちろん道は平たんなものだけではなく、坂道もいっぱい。島を一周するコースなので、海の近くでは風も強い。なので、トライアスロンでタイムを向上させたかったら自転車を鍛えるに限る。

道行くところで応援してくれた人には、極力手を振るようにした。応援してくれるだけでもありがたいことだから。道行く所に休憩所や補給所があるからこんなレースができるわけで、この人たちに感謝してもしきれない。

風景を楽しんで、次のランニングに備えて、余力を残しながら、7時間半くらいでゴール。

これで9時間が経過。タイムリミットとなる午後9時半まで、残り6時間半。

予定では、ランニング完了時間は6時間。余力を残して自転車を漕いだとはいえ、それでも足は若干フラフラになっている。

とにかく問題は膝の腸脛靭帯炎（肋骨は痛いだけで走りには支障はない）。練習では最長で30㎞しか走れていない。最近だと10㎞少しがやっと。最後までやりきれるかどうかは、レース途中までの状態とランニングのフォーム次第。

このランナー膝とうまくやりくりするために、ランニング中は、可能な限り平たんな場所を走る、カーブや下り坂では歩く、休憩所では必ず痛めている部分をストレッチする、痛みが来そうだったら、歩きながら走るフォームを確認する、という四つのことを徹底した。タイム予想は、最初の10㎞が70分、次が80分、90分、100分のペース。休憩時間も含めて、6時間完走を目指す。

遅いペースで走っているので、息はまったく上がらない。歌をうたいながら、自分のペースで一歩一歩地道に進めていると、あっという間に残り10㎞になる。この時点で残り時間は120分。もう完走はほぼ見えてきた。ここで調子に乗ってペースを上げて崩れたら元も子もないので、歩きも交えて、ゆっくりと進む。

ほどなく、残り1km地点。もうゴールの商店街が見えてきた。そして、無事ゴール。ちょうど6時間で42kmを走り終えた。

自転車を運んで整備してくれたオミノさんと、応援してくれたトライアスロン仲間の皆さん、鍼を打ってくれたモリタさん、休憩所でたくさんの食べ物と飲み物、医療道具を準備してくれた佐渡の皆さんに心から感謝。身体の調子が悪かったこともあり、人の思いやりがより一層心に染みた。

一方で、レース開始時の吹奏楽隊によるファンファーレ、たくさんのエイドステーションとボランティアスタッフ、ゴール地点に無数に置いてある旗とタイムを示す大きなストップウォッチ、終了後に湾岸に打ち上げられる大きな花火は、ずいぶんと華々しすぎて、僕には少し性に合わないと思ったのは事実だった。

また、トライアスロンをする人たちの多くは記録にとてもこだわるし、それがゆえに生じている余裕の無さや窮屈さも少し苦手だった。もちろん、他人と比較をしながら競い合うスポーツも悪くないし、僕にとってのサッカーはまさにそうだったのだけど、僕が走ることから学びたいと思っているものとは若干のズレを感じていた。

思えば2009年9月のレース完走直後、大会の終了を祝う大きな打ち上げ花火を眺めながら居心地の悪さを感じていた時から、一人で黙々と走り続けることへの伏線は引かれていたのかもしれない。

2
川の道フットレース520㎞

太平洋と日本海をつなぐ520㎞のレース

走ることと自分との関係性が変わるにつれ、人がたくさん走るレースに参加するのがどんどん億劫になっていって、一人で走ることが増えた。

2012年に参加したレースといえば、会津の伊南川の美しい紅葉を見ながら走る100㎞マラソンのみで、主な参加理由は原発関連の風評被害を受けていた地域を応援したいということだった。これはほぼファンランに近くて、忍者の格好をして、地下足袋のようなVibramの五本指シューズを履いて出場した。このクッション性の全くない地下足袋シューズを練習しないままに使ったため、足が大変なことになり、50㎞地点からシューズを履き替えて、痛みながらもなんとか完走した。どんなに高低差があるとしても、一日で終わるレースのなんと楽なことか。

転機が訪れたのは、その年の末。たまたま参加させてもらったイベントで、小野裕史《ひろふみ》さんに出会ったことだった。もともと運動をしていなかったのに、一念発起してサハラマラソンを目指してランニングを始め、ウルトラマラソ

福島県の伊南川100㎞ウルトラ遠足には忍者の服装と地下足袋のようなシューズで参加

ンその他たくさんの超人的なレースをすごいタイムで走っている彼の様子は、いつもTwitterで見ていた。

会場で小野さんに会い、「いつもTwitter見ています」とお話をしたところ、小野さんはこう話してくれた。

「じゃあ、一緒に川の道フットレース走らない？」

「小野さんが走るのなら一緒に走ります！」

正直なところ、これがどういうレースなのかを知らなかった僕は、あとでこのレースの概要を知り、衝撃を受ける。川の道フットレースは、荒川と信濃川をつたって東京は葛西臨海公園から新潟まで走り切るという、太平洋と日本海をつなぐとんでもないレースだった。その総距離は５２０㎞、埼玉から長野に入る時は県境にある三国峠を越えることになる。

それにしても、ウルトラマラソンのレースの名前にはなぜこうも可愛らしいものが多いのだろう。やっとの思いで走った佐渡のレースの名前は「佐渡島一周エコ・ジャーニーウルトラ遠足」だった。これは「遠足」と書いて「とおあし」と読むらしい。佐渡島の大きさを知らない限り、ゴミ拾いでもしながら楽しく散歩する絵しか想像できない。「川の道フットレース」も、その名前からすれば河原をちょっと走るくらいのものにしか聞こえてこない。見た目はかわいいけれど、とんでもないモンスターってどこかにいたな。そうだ、ギズモだ。

皇居を8周したり、つくばまで走っていったりしながら、レースの完走に向けて、12月から準備を始めていった。

レース直前の徹夜討論番組に出るべきか否か

一つだけ、準備段階で迷いがあった。川の道フットレースはGW期間に走るレースなのだが、その数日前の4月末に、「朝まで生テレビ」への出演依頼がきていたからだ。

正直なところ、かなり悩んだ。出演依頼を頂いた後、自分のいるNPOである、Living in Peace（LIP）のメンバーと話しあった。以下が、主なメールのやりとりだ（行数詰めや組織内用語だけ修正したものの、全て原文ママ）。

（出演依頼メールを転送して）慎 wrote to ALL LIP members：こちら、「調整中なので、少しお待ちください」とお伝え頂けますでしょうか。

面白そうではあるのですが、レース直前でこの不健康な時間はどうなのか、悩んでいます。

イイヤマ wrote：広報、宣伝という意味では非常に良い機会かと。慎さんの体調管理を無視するわけではないのですが、出て頂けるとうれしいな、と個人的に思っております。一応意見を書かせて頂きました。あ、無理はしないでくださいね。体が資本ですから^^

コマダ wrote：そうです、まずは慎さんの体調管理が最優先ですので、慎さんの身体と相談してみてください！あー、でもあのテーマソングの中で慎さんが登場するとこが見たーい見たーい。と、無責任な発言を小さくしてみる。

サネシマ wrote：イメージアップかどうかは、わからないし、測れないと思います。むしろ番組にでてイメージアップするにはどうすればいいかを考えたほうが…。慎さんの営業は、LIPが最終的に集められるお金の最大化のためなのでまずは知ってもらわなきゃ、どうにもならないしね。やっぱり、出るんだったらテレビが一番いいな。

基本的に、「最後は慎さんが決めたらいいけど、出て欲しい」という意見が大半。一部では、「５００km走ることに集中するべきだ、個人の幸せや達成が第一」という意見もあったが、イイダの次の意見を読んだ時に、覚悟を決めた。

イイダ wrote：LIPへの寄付者拡大への影響を大雑把に試算してみます。朝生の視聴率を3％とすると、1％が１２０万人相当らしいので、だいたい３６０万人が見ている計算です。

パネラー10人が視聴者の関心を均等に引いたとしたら、視聴者の10人に1人くらいは慎さんの話を心に留めてくれることになります。つまり

36万人。

ここからは完全な推定ですが、夜中のこの時間に起きて討論番組を視聴する人たちは20代〜40代の主に男性な気がする。また、ひとりで見ながら、twitterやら2chやらを読んだり書き込んだりする人も多そう。番組見ながら慎泰俊のことを検索したりLIPのサイトをのぞいたりもしてくれそうで、通常のテレビ番組よりはラジオに近い視聴行動が期待されると思います。

以上の想定のもと、36万人のうち仮に5%がCM（「チャンスメーカー」というLIPの子ども支援寄付プログラム略称）サイトに来てくれたら、1・8万人。これに3月の実績のCM登録率0・3%をかけると、54人がCMになってくれる計算になります。

机上の計算は以上です。

確かに、寄付が拡大し、子どもがよりよい環境で暮らすことに一歩でも近づくのであれば、それを断るという理由は考えられない。自分にとっての主従が何であるかも明確になった。

よくよく考えてみたら、今回の出演依頼は、レース中に大雨がいきなりやってきたようなもので、それに不平を言っても詮無いことだとも気づいた。予定通りいくことなんて何一つない。それが、僕が走ることから学んできたことの一つだった。状況に文句を言わず、今自分にできることをするのに全力を尽くすこと。

そして出演した朝まで生テレビ、変な時間に寝起きしたので最初は眠くてしょうがなく、かつ話に割って入る方法もよく分からなかったが、コーヒーを2杯飲んだのが効いたのか、後半になるにつれて目も覚め、テレビでの討論のやり方も分かってきて、楽しく参加することができた。のってきたところで、番組が終わった。この番組の寄付拡大効果は確かにあり、イイダの計算にかなり近い結果になった。LIPのメンバーたちも、テレビ露出がうまく寄付につながるように、僕が起きているのと同じ時間帯に寝ずにTwitterやFacebookでの発信を続けてくれた。

六本木にあるテレビ局から自宅に帰ってきたのが、4月27日の午前7時頃。

そして、4月30日にレースの日を迎えた。

川の道フットレース初日からペースを崩す

川の道フットレースの集合地点は新木場駅。レースがレースだけに、歴戦のランナーたちが集まっている集合場所には不思議な空気が流れていた。

9時に出走開始。夢の島を抜けて荒川に行き、そこからはひたすらに荒川沿いを川上に走り続ける。

なだらかな荒川沿いのサイクリングロードをまっすぐ進む。休み時間を取り過ぎたか、平均時速7kmで第1チェックポイントである埼玉県戸田市彩湖畔（35・7km地点）まで到着。ここまでは（誰だってそうだが）一番順調な区間といえる。LIPのメンバーも今回は付き添いで応援をしてくれていた。

そこから第2チェックポイントであるさいたま市の新上江橋東側（49・6km地点）まで走る。なお、このチェックポイント全てがエイドステーションというわけではない。時には誰もいない、目印すらない場所にチェックポイントがあって、ランナー達はそこに着いた時点で自分のチェックポイント通過タイムを記録する。タイムは、最終タイム以外は全て自己申告制ということになる。

川の道フットレース、最初のエイドステーション到着時。まだまだ元気

川の道フットレースの道端に、応援のメッセージが。こういうのを読むと元気が出る

この頃から異変に気づいた。走っていても、やけに気持ちが悪い。第1チェックポイントで食べたものがなかなか消化されていない。何かおかしいなあと思いながら、それでもエネルギー切れにならないように食べ続ける。

食べ物が消化されない理由については、単に胃腸の調子が悪い程度に考えていたのだけれど、後になってその理由が分かってきた。それは、新しく買ったばかりの短パンのゴムがとてもきつかったことと、バックパックを腹の辺りできつく締めていたこと。お腹周りをキツく締められていたので、消化したものが腸に流れていくのを押さえられていたようだ。それなら合点がいく。

食べものが消化されないために腹が重い。食べたものがそのまま胃に留まり続けている感じのために、フォームが崩れてきて、腹筋と背筋にかなり負担がいく。排気ガスのせいか、喉も痛くなってきた。

この期間、本業では結構重たい銀行交渉をずっと行っていた。当然僕が走っていることは銀行の交渉相手の方々には伝えていない。皆がGW返上で仕事をしているのに、一人だけ好きで川を走っていますなんて、怖くて言えなかった。だから、走っている僕の携帯には何度も交渉相手である銀行の担当者さんから、提出した資料の内容確認だったり、借入のスキームの質問だったり、借入条件についての提案だったりについて電話がくる。遅いペースとはいえ、走りながら電話で話しているので、ハアハア言っている声が相手に聞こえていなかったらいいけれども。

第3チェックポイントである埼玉県吉見町桜堤公園入口（65・6km地点）に着く頃には、かなり体調が悪くなってきた。

ここで耐え切れなくなり、食べたものを吐いた。そうしたら随分と楽にはなったものの、飲んだものすら腸まで流れていかない感覚は変わらない。何を飲んでも脱水症状っぽくなり、走るペースがどんどん悪くなる。水分不足のせいか、喉も痛い。

第4チェックポイントの埼玉県鴻巣《こうのす》市大芦橋《おおあしばし》南西側（74・5km）に着いた頃には日が沈んでいた。ついに気持ち悪さが耐え切れないレベルになっていた。飲んでも吐いてしまうので、水分が補給できなくてきつい。フォームの崩れと、生来の足首の弱さから足が早速に痛くなってきた。まだ7分の1しか走っていないので、こんなので大丈夫なのか、不安になる。

ここはいったん休もうと決め、足をアイシングし、胃薬を飲み、応援に来てくれていたＬＩＰメンバーであるサカイの車で60分間眠らせてもらう。目が覚めたら温かいミロを飲み、少しボーッとする。

この休憩のお陰か、体調がとても良くなった。ご飯を食べてもきちんと消化してくれるし、飲み物も吸収できる。始まって以来、一番快調に走ることができ、第5チェックポイントである埼玉県熊谷市警察署前交差点（86・7㎞地点）に到着する。

ここで仮眠を取ることにする。すぐそこにあったCocosに入り、ステーキ３００gを食べる。当時毎週連載していた「日経ビジネス オンライン」の原稿が終わっていなかったので、それを書く。仕事のメールのうち、特に重要そうなものだけを見る。レストランを午前2時に出て、2時20分には就寝した。寝る場所は、サカイの車のトランクの中。

下痢とともに走り続けた2日目

翌日は4時半に起床。起床理由は猛烈に腹が痛くなったことで、トイレに駆け込む。ステーキという消化に悪いものを食べたせいか、その前の嘔吐連続のせいか、ものすごい下痢だった。慢性的に脱水症状があるせいか喉も痛く熱っぽい。

とはいえ、明け方なので気分は前向き。テーピングをして最後尾から出発する。

走るペースそのものは悪くなく、淡々と走ることができたものの、下痢のせいですぐにトイレに駆け込むために時速に換算すると5・5㎞/時くらいになってしまう。水分補給もしにくく、カロリーの高い食べものも喉を通らないので、全体的にエネルギー不足の感じが否めないまま、第6チェックポイントである埼玉県寄居町の波久礼《はぐれ》駅前(108・5㎞地点)に到着する。ここから、秩父に入る長い長い坂道が始まる。

時間が無いことに少し焦りはじめ、途中の下り坂で飛ばしてしまう。これによって、やっと他の人に追いつくことができたが、足に随分と重いダメージが残った。30分毎にストレッチしても足に確実に痛みが残るようになってしまったところで、第7チェックポイントである埼玉県秩父市上野町交差点(129・8㎞)に到着する。

ここから、長野県に入るまでは基本的にずっと上り坂になる。延々と続く坂道はなかなか疲れた。また、これくらいのタイミングから上り坂では腹筋が痛くなる。重力に逆らって身体を真っ直ぐに立てているから体幹の筋肉が痛くなるのは理解できるが、不思議なのは上り坂で腹筋が痛くなること。普通痛くなるのは背筋なのに。下痢のせいか、昨日の腹痛のせいか。とにかく、体調が全体としておかしい。そうするうちに、第8チェックポイントである埼玉県秩父市中津川方面分岐点（159・0㎞）に到着する。何もない、川沿いの分岐路。あたりはもう暗くなりはじめていた。

今回のレースでは、いろんなことが思うようにいかない。最初の消化不良から始まって、その処置を間違えたために他の場所も複合的に悪くなるという状況が続いている。

足首はもう本当に痛い。いつもこんなに足が痛くなるということは、そもそも足首が強くないのだろうか。でも自分の身体だからしょうがない。できることは気持ちを整えてベストを尽くすこと。

どうやったら立て直せるのかを必死に考える。

時間が足りないことは事実だとしても、自暴自棄になってはいけない。次の日以降も走り続けられることを目的にして、足に残るダメージが最小になるように、歩きと走りを組み合わせて走ることに決める。時速はだいたい5・5㎞／時くらいの遅さ。早歩きとほとんど変わらない。

第9チェックポイントである埼玉県秩父市中津川「こまどり荘」（170・2㎞）についたのは20時50分のこと。締切となる21時の10分前だった。このレース始まって初めての宿泊施設。とにかく体調を回復させようと、食べられるだけご飯を食べて、お風呂に入って、22時半には早々に眠る。

人生初のリタイア

疲れが溜まっていたのか、丸々6時間熟睡して、起きたのは4時30分すぎ。驚いて起きて、テーピングをして、制限時間である5時ギリギリに宿を出る。

ここからは、20㎞続く長い長い山道。道も舗装されておらず、常に足元には木の根や石が転がっている。走ると足をくじきそうになるので、基本的に歩き、少しでも走れそうな足場に出くわしたら走ることを繰り返す。

途中から腰の筋肉が尋常でなく痛んできた。前傾姿勢をとり過ぎというのもあるが、全体的に疲れの蓄積によるものが大きいと思う。途中で耐え切れないほどに腰がつらくなったので、キネシオテープを取り出し、腰に貼る。テーピングを一人で腰にするのはなかなか難しかった。

上に登るほどに寒さがエスカレートしていき、ストレッチで一休みする度に身体が冷え込んで動かなくなる。三国峠の頂上付近には、5月だというのに雪まで残っていた。

やっとの思いで、第10チェックポイントの埼玉・長野県境 中津川林道三国峠（188・5km地点）に到着。ようやくに山を登りきった。寒くてとにかく意識が朦朧とするところに、サカイの車が待ってくれていた。本当にありがたい。暖かい車の中で、カップラーメンを食べて出発。

ここからはずっと下り坂。信濃川（長野県では千曲川とよばれる）をたって、新潟まで走っていくことになる。

下り坂も多く、気をつけて走っていたものの右の膝からふくらはぎの上のあたりがやけに痛くなり、キネシオテープを貼る。少しずつ痛みはエスカレートしていって腫れていき、屈伸と膝のばしができなくなるくらいにまで痛くなってきた。寒さはまだ厳しい。

三国峠を越えるための道。舗装されていない山道が続く

また下痢も再発し、トイレを見たら駆け込むという状態が続くうちに、第11チェックポイントである長野県南牧村市場交差点（218・2㎞地点）に到着。

トイレに駆け込むたびに時間が削られ、焦りがどんどん大きくなっていった。

そして、とどめは、なだらかな下り坂が続く道路でやってきた。小諸まで残り20㎞というところで、焦っていた僕は坂道に任せてスピードを上げて走っていた。ちょっとした段差を通った時、ついに右足のふくらはぎがおかしくなった。走っていて身体が温まっている状態でこの痛みは明らかにおかしい。自己診断ではあるものの、軽い肉離れを起こしているようだ（後で実際にそうだとわかる）。ずっと続く寒気もエスカレートしていた。

240㎞地点で、LIPメンバーの後部座席で休憩し、熱を測ったら38・5度あった。これと、ふくらはぎの軽度の肉離れと、下痢との三重苦。少し眠って熱が下がるか試してみたが、全く下がる気配もなかった。

これで残り280㎞は無理だし、そもそも、もう足切り地点である小諸グランドキャッスルホテルまで時間内に辿り着く見込みもなくなってしまった。

川の道フットレース、三国峠に着いたところ。このあたりでもう疲労困憊していた

人生初のリタイアをする。

サカイが僕を車に乗せてホテルまで連れていってくれた。彼は翌日朝から子どもをディズニーランドに連れていく用事があるにもかかわらず、最後まで付き添ってくれた。交代でやってきたイタツは、大事があってはいけないからと、一緒にホテルに泊まり、次の日に僕を駅まで連れていってくれた。

穏やかな小諸の天気が、やけに物悲しかった。

失敗から人は学ぶ

転げ落ちた時にその人が分かる

物事がうまくいっている時に立派な素振りをするのは誰でもできる。誰だって玉座にいる間は王者のように振る舞うことができるのと同じだ。見るべきは、その玉座から転げ落ちた時にその人がどう振る舞うのか。その時にも変わらず同じように振る舞い続けられるのか、そうでないのか。ナポレオンは流刑地に送られた時でさえ王者の誇りを失わなかったというけれど、常人にそうすることがいかに難しいことか。

川の道フットレースでリタイアした時、自分が常人だということを痛感した。ついつい、批判がましくなったり、何かに八つ当たりしたくなってしまう。そのことについて書いておきたい。

川の道フットレースをリタイアした次の日にずっと考えていたことは、本当に苦しい状況にある人に対して、どういう言葉をかけるべきなのか、という点についてだった。

この時に一番力が出る言葉は、「信じているよ」、「きっとできるよ」、という類のものなのだと僕は結論づけた。185㎞地点、標高1740mの三国峠を目指す山道を登り始めて15㎞を過ぎた頃のこと。熱のせいか走り疲れのせいか、体中が痛いし、寒いしで、本当に苦しかった。ここから飛び降りたら楽だろうなあ、と遠く下にある崖の下を見ながら思いもした。

そんな時、大会主催者の方々が、山道を車で通りすぎていった。一旦車をとめて、ある人がこう言った。

「バッチリだね。じゃ、先行ってるよ。小諸(75㎞先)で待ってるからね」

この信頼の込められた言葉から、僕はどんなに元気をもらうことができただろう。人が限界を乗り越えていくためには精神と心の力が必要で、周囲の人がそれに力を与えるためにできることは、信頼を示すことなのではないだろうか。

疲労困憊してボロボロになりながらも挑戦を続けようとしている人に対して、「大丈夫、まだやれる」と言うのは、簡単でない。同じようなレベルの苦境を経験したことがあり、かつその上で、自分の発言に伴うリスク(本当に無理をしてその人が死んでしまうことも含め）を引き受けられる人のみが、こういう言葉を口にすることができる。

『修羅の門』という漫画に印象的なシーンがある。格闘家である主人公が強いボクサーと戦っていて死にそうになるくらいに追い込まれる。周囲が止めたがるなか、ヒロインの女の子だけが泣きながら「誰が止めても私は止めない」と言う。それを見て、彼女の母親が「あんた、修羅の花嫁になれるわ」と話す。良し悪しはあるけど、作者が取材を重ねた上で描いたこのシーンの意味を、僕はより深く理解できた気がした。

また、今回のレース直後、母はTwitterを見たのか僕に電話をして「あんた、人様に迷惑かけてんじゃないわよ」とピシャリ。もともと中村日出夫という伝説の空手家の愛弟子であり、数多くの修羅場をくぐってきて、人間の身体の限界が分かっている母だからこそ言える台詞だと思う。

でも、このようなことをブログに書いたことで、僕は多くの人を悲しませてしまった。

それはそのはず、僕が走っている間、「ムリしないで」、「くれぐれも健康で」と言ってくれた人たちはとても多かったからだ。その人たちにとっては、僕の発言は、間接的に「あなたの応援からはあまり元気を頂けませんでした」と言っていることと同じだったわけだ。

なんでこんなことになったのか。素直な気持ちになって考えてみると、理由が僕の弱さにあることは明白だった。当時の自分の精神状態を白状すると、心の中では、こんな独白が続いていた。

「なんで、そんなことしか言ってくれないのか。本当にきつい時に、「無理しないで」とか言われると、力が抜けてしまう。そもそも、僕みたいにもともとウルトラマラソンに向いていない体格の人間が走り切ろうとしたら無理するしかないじゃないか。なんで、そこで「無理しないで」じゃなくて、「あなたならきっとできる」と言ってくれないのだろう。「無理しないで」と言われ続けたら心にブレーキがかかってしまう。ブレーキをかけたら僕は走りきれなくなるかもしれない。

完走をしてほしくないのか。完走よりも僕の無事が大切なのか。確かに命あっての物種だろう。それに、走ることは僕の本業ではないし、そんなところで死んだり身体をずっと悪くしてしまったりしたら元も子もないということもあるだろう。だけど、僕にとっては一度決めたことを途中で諦めるというのは、死んでもやりたくないことだということを理解してくれないのか。走ることは僕の心にとっては本当に大切なことだし、決してお遊びでやっているわけではないのに。頼むから、無理するなと言わないでほしい」

こんなことを考えていたから、半ば「ムリしないで」と言ってくれた人びとへの当てつけとして、「信じているよ」と応援してくれることの有難さを僕は当時の自分のブログに書いてしまった。そして、応援してくれた人を悲しい気持ちにさせた。

それでも敢えて誤解を恐れずにいうと、応援に関しては、自分がかける言葉の持つリスクも全て背負った上で寄り添おうとする応援に勝るものは無いと僕は思っている。そういう応援をできる人は多くはないだろうけれど。

しかし、「無理しないで」であっても何はともあれ応援をしてくれている人がいることに対する感謝の気持は、一体どこに行ったのだろう。その人達に対して批判がましくする権利なんて、僕には一切ないはずだった。それに、どこか自分がうまくいっていないことを、他人に責任転嫁していないか。

さらに、そもそも論に戻ると、走っている途中に相手をハラハラさせている時点で、挑戦者失格なのだと思う。もし心配させたくなかったら、Twitterで体調がきついとかわざわざ中継せずに、倒れこむ直前まで平気なふりをしていればいいだけのことだ。周りの人びとの発していたメッセージは、基本的には僕が吐いていた弱音の鏡だった。

そう、うまくいかない原因は、常に自分にある。仕事でもなんでもそうだ。それを見つめるところから始めないといけない。そうしないと、ついつい他の何かに責任転嫁をしてしまうようになる。うまくいった時は自分の外に理由を探してそれに感謝し、うまくいかなかった時は自己に原因を求めるべきだ。

完走できなかったことから学んだ戦略・戦術上の誤り

仲の良い友人は皆知っているけれど、僕の負けず嫌いは常軌を逸している。ウルトラマラソンに関していえば、他人と比べてどうというわけではなく、自分に対して負けたという悔しさを乗り越えるのに随分と時間がかかった。

レース後の1週間は毎日走っている夢を見た。際限なく走り続けているのにゴールに辿り着けない夢。1週間を過ぎても、3日に2日は同じ夢を見る。それが2日に1日となり、3日に1日となり、1ヵ月を過ぎた頃にようやく夢を見なくなった。

夢を見続けることは、僕に今回のレースの振り返りをきちんとする動機を与えてくれた。うまくいかなかった理由を言語化できなかったら、多分このリタイアの無念はうまく昇華してくれそうになかったからだ。うまくいかなかった理由を、自分なりに考え続けた。

物事がうまくいかない理由はだいたい準備不足、戦略上の誤り、戦術上の誤りといったものに分けられる。

レース前の準備が不十分だった

・月間走行距離の測定をしていなかった。タイムと距離とダルさ度合いから調子の波も分かるので、測定をするべき。仕事と同じで、基本的な指標の管理の大切さを分かっているくせに、プライベートになるとできていない。仕事とプライベートに二面性があるのは個人的には良くないことだと思っている（そこに二面性があるということは、どこかに首尾一貫していないことがあるということ）ので直したい。

・起床時間を早めに設定しておいたのは正しい判断。走っている時に一番気持ちが前向きになるのは明け方で、夕方から夜にかけて一番気持ちは落ち込んでいく。だから、走る時間を4時〜22時と予定していたのは正しかったと思う。

・520㎞という距離に対する不安を拭うような練習をしていなかった。520㎞とはいえ、毎日85㎞強を6日に分けて走るレースなのだから、連続でそれくらいの距離を走ってみるなどの練習を一度はしてみて、距離感を身体に覚えさせておくべきだった。

・疲労を完全に取れなかった。鍼師さんにもそんな感じのことを言われていた。大会の4週間前には普段以上のトレーニングは止めるべき。あと、寝不足の中のレースになるので、レース前の1週間は7時間半睡眠を死守したかった。

・基本的な走力の不足。体調不良やミスなども基本的な走力がさらに高ければはねのけられたはず。練習時間をうまく工面して、走力をよりつけるための練習をしていきたい。特にフォーム改善は必須。

・体幹の筋肉と柔軟性の不足。最近ようやく体幹の筋トレを始めたものの、後半では腹筋と背筋の両方も痛くなっていた。レースを通して走りきれるくらいの体幹筋トレをするとともに、故障しにくくなるよう身体の柔軟性を高めていきたい。

戦略としてはタイムマネジメントが最大の失敗。コースの情報収集にも課題

・スケジュール上のバッファーが3時間では足りなかった。経験していないレースでは不測の事態がかなり生じるのだから、もっと余裕を持たせた（締切から6時間くらい前）タイム設計をしておけば、吐き気や下痢が起こった時も焦らずに済んだ。時間をギリギリに設定するのはいつもの悪い癖。

・全体的に休み時間が長すぎた。30分に一度行っていたストレッチは1時間に一度でよいと思う。あと、歩きは10分に1分くらいは混ぜておいてよかった。歩きと走りでは使う筋肉が違うので、交互にうまく組み合わせることで疲労を軽減できるし、足を前に進めていると意外とタイムに悪影響

を与えない。

・タイムマネジメントが遠因で色々な細かい判断ミスが生じた。例えば、嘔吐が始まった時、早めに休息を始めていたらダメージは少なかったが、自分が後方にいるという自覚があったのでそうできなかった。また、最後に肉離れが発生した区間を含む一部の区間でペースを上げすぎたのも、2日目から一人最後尾を走り続けていたことが遠因。急ぎすぎる必要はないが、集団の真ん中くらいにはつけておいた方が良いのだと思う。

・コースの勉強をもう少ししておくべきだった。想像のつかない道を走り続けるのは予想以上に疲れる。Google Earthで道をざっと見るだけでも状況は違っていたと思う。

経験不足もあり、戦術上のミスが目立った

・着たことのない服を本番で着ない。ゴムのキツい短パンが序盤からペースを狂わせた。短パンだからとタカをくっていたのが間違い。今後は持ち物の吟味を徹底するべき。

・今までずっとアシックスのゲルカヤノを履いてきたのだけど、後半で足が腫れてくると普段はゆるいこの靴でもパンパンになる。ブカブカで違和感すら感じたアシックスのサロマレーサー（ウルトラマラソン用に開発されたシューズ）を一度履いてみることにしたい。

・足首とアキレス腱のテーピングは元気なうちから徹底的に。ただしテーピングはキネシオ（伸縮テープ）で。固定のテーピングは足の可動範囲を狭めてフォームに違和感が出るので他の場所に悪影響。最終日はキネシオのみでガチガチにしてみたのだけれど、悪くなかった。

・アイシングではメンソール系のスプレーは使わないこと。これを使っていると、身体に染みこんでいって、後半には少し休んだだけでスプレーを噴きかけた場所が冷えて固まってしまい、寒い道を走る時には特に難儀する。

・山間部での防寒対策を完璧に。三国峠は予想以上に寒かった。上着だけでなく、ウィンドブレーカーを下にも準備しておく必要があった。お腹が冷えてさらに下痢になったので、ホッカイロ系も持っておくと良かったと思う。

・かなり活躍してくれたと思うのはアミノ酸の飲み物。これのお陰で筋肉の崩壊が防げていたと思う。あと、下痢止め、痛み止め、胃腸薬は必需品ということを再確認。

反省を踏まえて、普段のランニングの記録をiPhoneアプリでつけるようになった。Runtasticというアプリで、走った距離、ペース、高低差なども全て記録してくれるアプリだ。それとともに、体幹トレーニングに今まで以上に時間を割くようになった。いつか、必ず借りは返そう。

ズルをしない

超長距離のウルトラマラソンでは、大抵の場合、前にも後ろにも誰も見えない状態で走り続けているにもかかわらず、車に乗せてもらったとか、自転車に乗ってみたとかいう人の話を聞いたことがない。

なぜだろうと考えてみると、ズルをするのは全くもって合理的でないことに気がついた。走ることに限った話ではない。仕事でもなんでも、ズルをすることによって誰よりも罰を受けるのは自分自身なのだと思う。

第一に、ズルがもしもバレたらそれは全てをぶち壊してしまう。誰かが、信用というのはガラスのようなもので、いちど割れたらもとには戻らないと話していたが、それは本当にそうで、いろんなものを失ってしまう。

第二に、ズルをしているという自覚は、自分を弱くしてしまう。いざという苦しい時に自分がサボっているということを知っていると、踏ん張れなくなってしまう。苦しい時にやり抜く力というのは、それまで自分に嘘をつかずにやってきた蓄積に比例するようなところがあって、それはズルを一度でもすると全てゼロになってしまう。

最後に、ズルをすると、困難に臨む過程で得られるはずの学びがなくなってしまう。何かに挑戦していい結果を得られたら、それはその人に栄誉や名声だけに限らず様々な外的なものをもたらしてくれるかもしれない。しかし、個人の成長が外部からの評価によってもたらされることはほとんどない。成長はプロセスの中に存在している。ズルをするという行為は、(ばれなければ)結果はもたらしてくれるかもしれないが、人間の内的な成長はもたらしてくれない。よって、ズルを続けると学びと成長がなくなってしまう。

コラム2

時間が無い人にとってのトレーニング

他にもやることがたくさんあって、トレーニングに割ける時間が少ないのだけど、そんな僕がトレーニングとしてやっていることについて書いておきたい。

一番は、目的地まで走って移動すること。会社勤めの時は、ランニングで通勤していた。最近は、スーツをシワがつかないように収納できるバックパックも売られていて、それを背負って目的地まで走ればよい。走った後に、できれば近くの銭湯などで汗を流して、着替えてから次の約束に参加する。夏場に走った後に入る水風呂の爽快感は、言葉で形容するのが難しい。そんなことをしているので、都内の銭湯の場所にはだいぶ詳しくなった。銭湯入りが叶わない場合は、トイレかどこかでタオルを濡らして身体の汗を拭きながら着替える。夏場は冷感シートがとても役に立つ。

歩くことも多い。都内であれば、駅二つ分の移動くらいなら歩く。駅まで歩いて電車を待って駅からまた移動する時間を考えると、歩くのとほとんど変わらない。歩く時は体幹を使って歩くことを意識する。夜遅くなって終電がなくなっても、よほどの場合でないとタクシーは使わず、基本的に歩くか走る。

一日にいろんな場所を回る日には自転車に乗る。トライアスロン用の自転車は結構スピードが出るので、都内であれば何よりも早い移動手段になる。右足のズボンの裾がギアに巻き込まれるのを防ぐために、ズボンはまくり上げるか、靴下の中に入れ込む。

一方で、最近時間の大半を過ごしている途上国だと排気ガスがひどいし交通規制を無視して走る車も多く、ランニングをすることがほとんどできないので、近くのプールや海などで泳ぐことが多い。ゴーグルを持ち歩いていないので、顔を水面に出したまま平泳ぎ、クロール、バタフライをする。顔を水面に出したままのバタフライは身体の感覚をうまくつかむとできるようになる。

あとは、体幹トレーニングをする。体幹トレーニングの本を買い、良さそうなトレーニングのページを縮小コピーして、それを手帳兼財布に入れておいて、折にふれて行う。

その他は、もしあればトレッドミルを走る。トレッドミルはもともとても嫌いだったのだけど、（1）走っている間に道の心配をしないで済むので、オーディオブックを集中して聴ける、(2)ずっと坂道を登り続けるという、普通ではできないトレーニングができる、という二つの利点があることに気がついてから、時々使うようになった。

体幹トレーニング以外でやっている唯一の筋トレは懸垂で、高い鉄棒を見つけたらやる。高い鉄棒がどこにあるか結構覚えているので、ランニング移動中にそこに立ち寄って懸垂をやることも多い。荷物を背負ったまま懸垂をして、身体を持ち上げる際に、顔を鉄棒の前に出すのと、後ろに出すのを交互に繰り返す。調子のいい日は50回とかできたりするけど、普段は30回くらいやるともうしんどくなる。

これはトレーニングをする人にとっては当たり前だけど、運動をしたらできるだけはやくタンパク質をとる。

3

本州縦断1648km

23歳の頃の目標と有給休暇の使い方

自意識の塊だった23歳の頃、ブログに「今から10年後に起業して1000億円のファンドをつくる」、と書いた。昔書いたブログは恥ずかしくて読めないのだけど、それでも消すのが忍びなくて未だに放置している。

その目標をある人に話したのは、その目標を立ててから3年経った26歳の頃。「だから、僕は起業まであと7年なんです」と話す僕に、彼は「7年じゃ長いから、5年にしましょう」と言った。この効果はてきめんで、7年というと随分と遠い未来に思えていたことが、5年だとかなりリアルになった。目標が想像可能な近さになると、人の行動は変わる。

だから、「30代からは自分で仕事をする。30歳で働く分野を決めて、31歳から自分の仕事を始める」というのは26歳の頃から決めていたことだった。

そんな問題意識を持って臨んだ2012年夏のサマーダボスで、自分がどの仕事をするのかを決めた。民間発の世界銀行をつくること。具体的には、世界中の国で、全ての人にきちんとした金融サービスを提供することだ。世界経済フォーラムが、民間発のNGOであるにもかかわらず、ある意味で国連のような役割を果たしているのを目の当たりにして、じゃあ自分は金融サービスで同じことをしようと思い立った。

目指すのは、全ての人が自らの力で自分の宿命を乗り越えられる世の中をつくること。金融アクセスの存在はその一助となる。

そして、2012年の末には勤め先の上司たちに退職の意向を伝えていった。雇ってくれた人たちの都合をほとんど考えずに、「かくかくしかじかで起業しようと思うので、退職を考えています」と言った僕に対して、「まあ1年くらい仕事をしながら準備をしたらいい」と言ってくれた。

今になって分かったのだけど、僕がそのうち起業してどこかに行くだろうということは、僕の採用前に議論されていたのだそうだ。それにもかかわらず雇ってくれた、本当に懐の大きい会社だ。僕のサラリーマン人生は、モルガン・スタンレー時代も、ユニゾン・キャピタル時代も、上司に恵まれた記憶しかない。

いま僕は33歳で、1000億円には程遠いが、それでも自分の会社を持って途上国にマイクロファイナンスの金融機関を複数かまえるようになった。

思うのだけど、難しいゴールほど、人に話し続けるに限る。人によってはその時その時でベストな道を進むのがキャリア設計上最善なのかもしれないが、不器用な僕には向いていない。そして、ゴールに向けて毎日少しずつ歩いていくうちに、ゴールはちょっとずつ近づいてくる。それは、走ることとあまり変わらない。

退職意向を伝えてから1年が過ぎ、2013年の9月末が最終出社日と決まっていた。小学1年生の頃から土日は囲碁の道場に通っていたので、特に休日も平日も気にせずに働いていたので、休日出社の代休と合わせると10月から11月まで丸々有給がある。どうせ起業した後は仕事三昧なので、有給を使いきらない手はない。

ではまとまった休みを何に使おう。ワクワクしながら考えた。

途上国の農村で1ヵ月くらいずっと過ごすこと、コルビュジェとガウディの建築を見にヨーロッパを回ること、引きこもってすっかりと編集者さんを待たせてしまっている本の原稿を書き上げること、1ヵ月集中勉強して何か資格をとること、など、色々と考えたけど、結局は走ることにした。

いくつか理由はあるのだけれど、途上国にはこれからそれこそ嫌というほど行くことが見えていたし、建築を見て回るのは何回かに分けてやれば良い話だった。本も、今までもそうだったように、働きながらでも書くことができる。資格をとるくらいなら、そのうち大学院に行ってまた研究でもしよう。

などなどと考えてみると、１ヵ月以上のまとまった時間がないとできないことは意外と少ない。それに比べて、１ヵ月をかけて走るという選択肢は魅力的だった。

そうだ、本州縦断をしよう。青森から山口までひたすらに走り抜ける。八戸駅～下関駅の間を歩いて移動するのに必要な距離をGoogle Mapで調べてみたら、１５００km程度で行けそうだった。ということで、有給休暇の予定は本州縦断マラソンをすることに決まった。

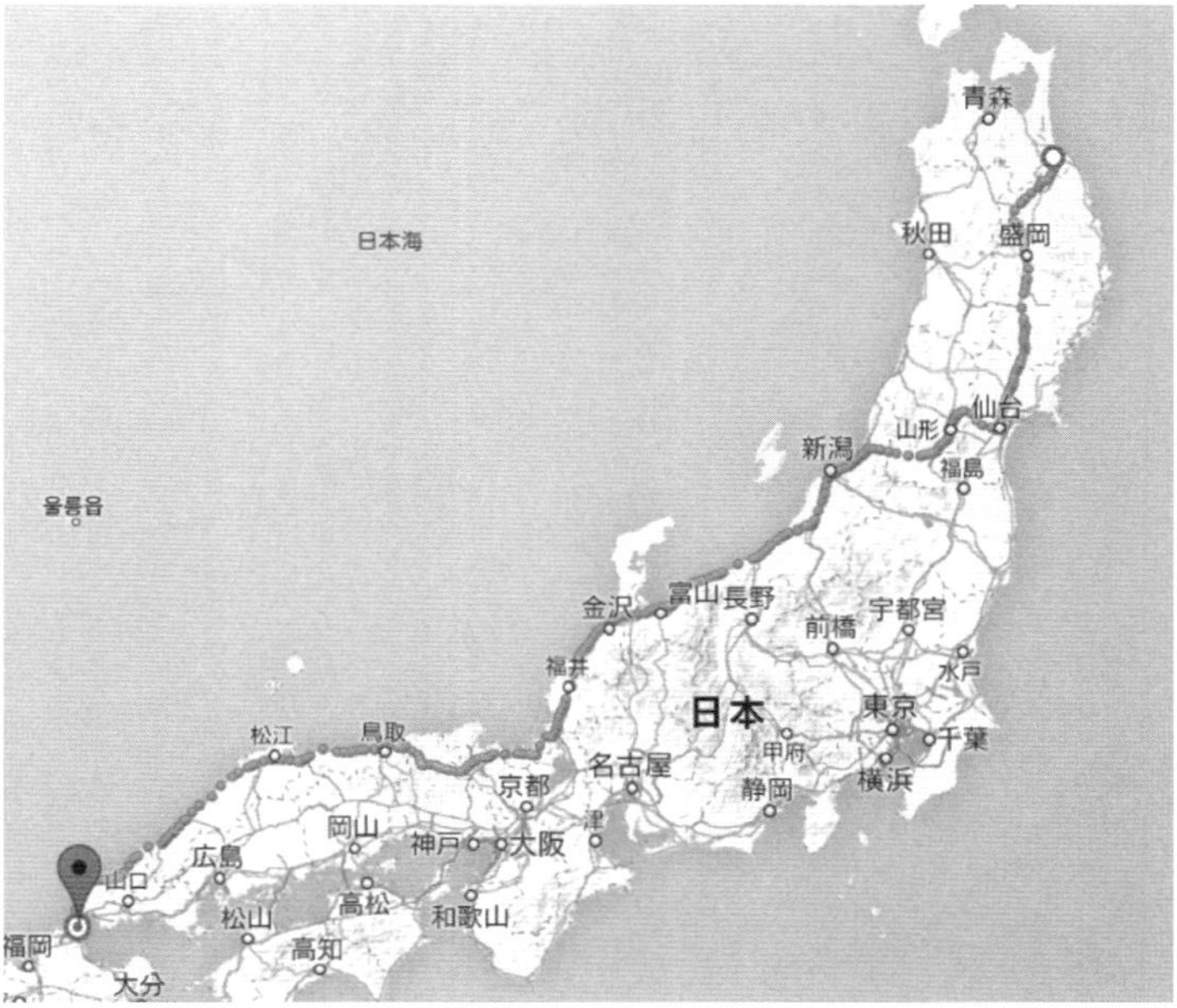

本州縦断ウルトラマラソンコース

本州縦断ウルトラマラソン道程表

Date		From	To	距離	備考
Day1	10月19日	八戸	いわて沼宮内駅	83.4km	
Day2	10月20日	いわて沼宮内駅	盛岡市	34.4km	
Day3	10月21日	盛岡市	北上市	49.7km	
Day4	10月22日	北上市	一ノ関駅	46.3km	
Day5	10月23日	一ノ関駅	仙台市泉	75.4km	
Day6	10月24日	仙台市泉	作並駅	29.1km	同日に東京に戻る
			ラウンド1合計	**318.3km**	
東京戻り、仕事&NPO活動					
Day7	10月30日	作並駅	上山市	58.4km	
Day8	10月31日	上山市	関川村高瀬温泉	86.9km	
Day9	11月1日	関川村高瀬温泉	新潟市	65.7km	
Day10	11月2日	新潟市	長岡市	50.9km	
Day11	11月3日	長岡市	上越市	73.0km	
Day12	11月4日	上越市	糸魚川市	43.3km	
Day13	11月5日	糸魚川市	黒部市	45.6km	同日に東京に戻る
			ラウンド2合計	**423.8km**	
仕事&講演					
Day14	11月8日	黒部市	射水市	42.4km	当日午後に現地到着
Day15	11月9日	射水市	小松市粟津温泉	85.9km	
Day16	11月10日	小松市粟津温泉	越前開発駅	40.6km	同日に東京に戻る
			ラウンド3合計	**168.9km**	
仕事&地方講演					
Day17	11月18日	越前開発駅	越前市	21.9km	当日夜に現地到着
Day18	11月19日	越前市	小浜市	92.0km	
Day19	11月20日	小浜市	朝来市	88.3km	
Day20	11月21日	朝来市	鳥取市東部	81.0km	
			ラウンド4合計	**283.2km**	
LIPフォーラム参加&カンボジア出張					
Day21	11月30日	鳥取市東部	鳥取市西部	22.7km	当日午後に現地到着
Day22	12月1日	鳥取市西部	安来市	83.6km	
Day23	12月2日	安来市	出雲市	72.7km	
Day24	12月3日	出雲市	浜田市	75.4km	
Day25	12月4日	浜田市	須佐駅	65.2km	
Day26	12月5日	須佐駅	長門市	67.2km	
Day27	12月6日	長門市	下関駅	67.2km	
			ラウンド5合計	**454.0km**	
総距離				**1,648.2km**	

結局、遠回りしたり、いろんな寄り道をしたりしたので、総走行距離は1648kmになった。また、どうしても仕事やら講演やらで時々中断せざるを得なくなったので、1ヵ月連続で走ることはできず、最終的な道程表は右のようになった。

走ることによって何かかけがえの無いものを学ぶことができるのは、もう分かっていることだった。今回の走りを通じて何が見えてくるのだろう。起業をしようとしているこのタイミングだからこそ、たくさんの学びがあればいいなあと思いながら、準備を進めた。

苦しくも学びと気づきに満ちた27日間

すでに随分と寒くなっている八戸駅を10月19日に出発してから、長い旅が始まった。

基本的に国道4号線に沿って岩手と平泉を通って仙台まで走り、仙台から峠を越え山形県の天童に入る。そこからは山形県を南まで走り、小国街道で山を越えて新潟県に進む。横に長い新潟県を数日かけて走り抜けて、海沿いの天険《てんけん》である親不知《おやしらず》を越えて富山県へ。富山県と石川県の間にある倶利伽羅《くりから》峠を越えて、石川県から福井県に入る。いくつもの峠を越えて、京都府と兵庫県をまたいで、鳥取県へ入り、比較的なだらかな道を西に向かって走り、島根へ。途中目的地の出雲大社を通り過ぎてからは、海岸沿いの細かいアップダウンを走り続ける。また一つ峠を越えて山口県に入り、そこからも基本的に海岸線沿いを走り、下関まで走りきった。

詳細は巻末に掲載した旅日記にあるので、この期間にどういう日々を送っていたのかの概要を書いておきたい。

次頁のグラフを見ると分かりやすいが、全27日中6日は平均すると半日分くらいしか走れていないので、丸一日走れる日は毎日70㎞弱を走り続けた。時間に余裕があると思っていた前半には長い距離を走った次の日に短い距離を走るようにして調整できていたが、後半では仕事の用事も次々に入ってしまった結果、走ることのできる日が減り、毎日長い距離を走ることになった。満身創痍になりはじめた後半から平均して78㎞を走っていた。

この期間は、走る毎にエスカレートしていく痛みと悪天候の中で、無事に走り抜くために悪戦苦闘する日々だった。

初日から腸脛靭帯炎になってしまい、痛む膝を引きずりながら走り続けた。体中が筋肉痛になり、その痛みを抑えるために貼ったテーピングがかぶれて体のいたるところに湿疹ができる。

でも後から考えてみれば、初期の膝の痛みはまだ可愛いものだった。3分の1地点にあたる長岡を走っていた時にやってきたアキレス腱の痛みは、全ての他の痛みを吹き飛ばした。この後、誰もいない暗くて寒い夜道でアキレス腱に激痛が走り、何度その場にうずくまったことだろう。でも、休む時間が長くなると身体が凍えてしまうので、フラフラと立ち上がってまた走り始めるということが続いた。

痛みは日を追う毎にひどくなっていった。ふくらはぎが軽度の肉離れを起こしている状態で、いつアキレス腱が切れるのか分からない不安を抱えながら、お守り代わりの

終日走った日の走行距離（単位：km）

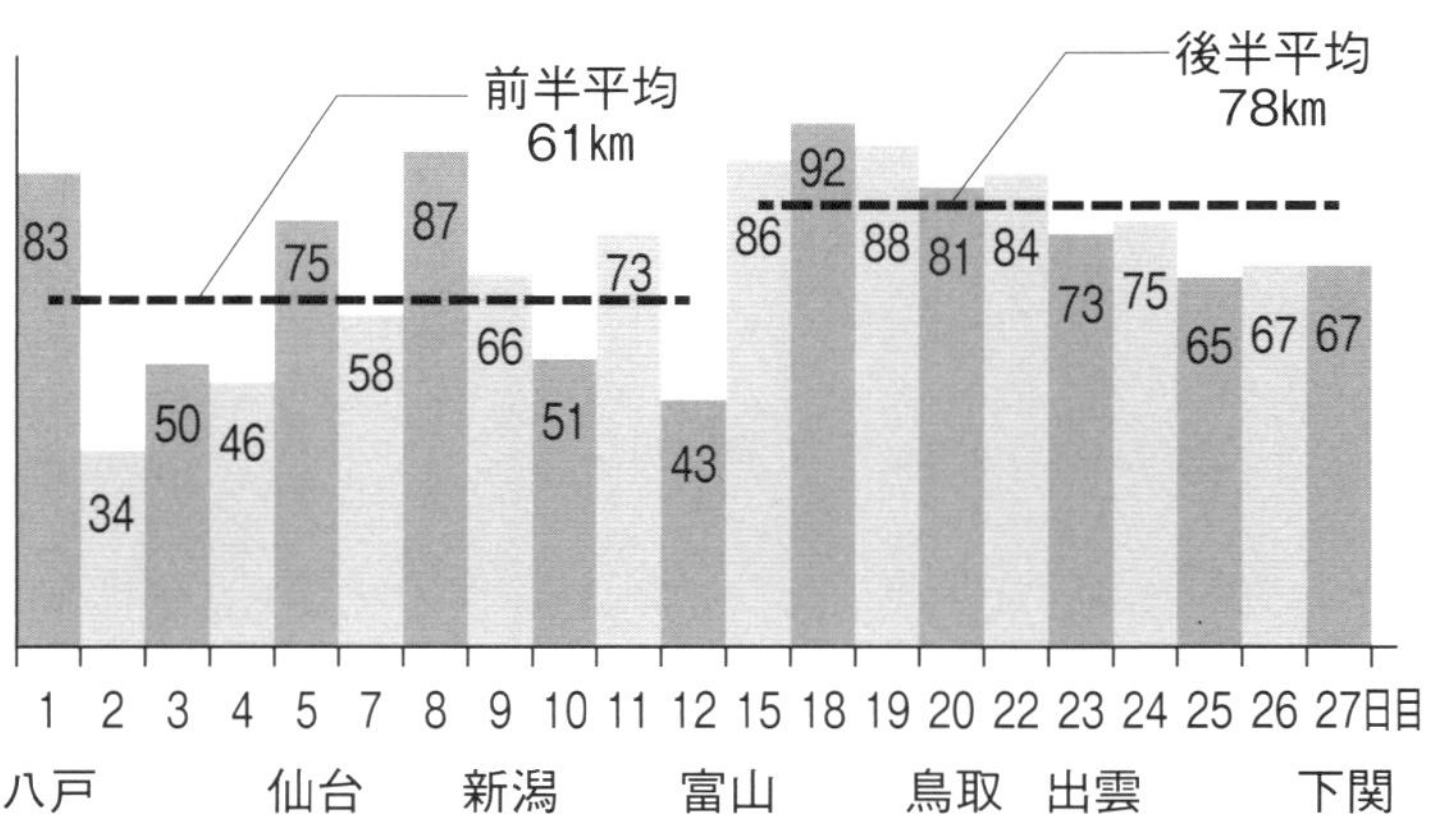

テーピングを何重にも貼って、黙々と足を進めた。お医者さんには愛想をつかされ、大抵のことでは顔色一つ変えない鍼灸師のモリタさんも「ちょっと休めないのか」と言う始末。

天候も厳しかった。東京生まれ東京育ちの僕は、11月以降の日本海側の天気がこんなにも厳しいものだとは想像もしていなかった。朝には氷点下にもなる寒さのなか、シャワーのような冷たい土砂降りに何度も打たれた。ちょっと足を止めるだけで身体が冷えきってしまうし、足には大きな水ぶくれができる。カバンの中に入っているパソコンと携帯電話だけは壊さないようにと、細心の注意を払いながら走り続けた。

一番危険だったのは車だ。地方では、国道といえども歩道が無い道がたくさんあるうえ、人里離れた道を歩く人も皆無だから、車はいつも猛スピードで走っている。大きな車が2台ようやく通れるような狭くて長いトンネルを走らなければならない時や、歩道がないまま続く急カーブの道を走り続ける時、何度肝を冷やしたことか。すれ違ったドライバーの人たちも、こんな山奥を真夜中に走っている人間を見てびっくりしたことだろう。

ウルトラマラソンのランナーがレース中に轢かれて亡くなる不幸な事故は

時々発生する。レースに参加しているわけでもないので、轢かれても数日間気づかれない可能性すらある。最悪の事態が生じないための工夫を可能な限りしながら走り続けた。狭くて暗い山道を走りきって、山間の町の宿に辿り着いた時には、安堵の息をついた。

きわめて単調な生活

走る道の厳しさや痛みの激しさと裏腹に、この期間の生活はきわめて単調なものだった。

日暮れ後に走ると気分が落ち込むし車に轢かれるリスクも高まるので、なるべく夜明け前に走り出せるよう早起きしていた。疲れのせいで寝坊をする日もあったが、大抵6時から7時の間には起床していた。

朝起きた時の気分はあまり良くない、というより途中からは最悪だった。体中が炎症を起こしているため熱は38度以上出ていて、とにかくだるい。夜通しアイシングをしても足の痛みは抜けていなくて、「今日こそはもう無理かも」という考えが頭をよぎる。なんとか身体を起こして、テレビで天気予

本州横断マラソンの基本装備。石川県に入ったところで撮影

報を見ながら、痛む足に何重にもテーピングを貼る。

テーピングは、後半はほとんど足首だけにするようになった。伸縮テープと固定用のテープの組み合わせによって、伸びきったゴムのようになってしまっている疲れた筋肉を支えることで、アキレス腱などを保護する。まず、アキレス腱とふくらはぎの筋肉の流れにそって伸縮テープを貼り付ける。これは、弱っている筋の伸縮力を補強するためのもの。その次に皮膚がかぶれないように防護テープを巻いた上から、普通のテーピングを巻く。こっちのテーピングは、弱った筋肉のせいで関節が必要以上に動いて、筋が切れてしまわないためのもの。こうやって伸縮テープと固定用のテープを両方巻いたのは今回が初めてだったけど、後半はこのテーピングに救われた。

テーピングをした後は昨日のうちに乾かしておいたランニング用のタイツを履き、服を着て、部屋を出る。不思議なもので、走るための装備を整えて手ぬぐいを頭に巻くと、今日も一日頑張ろうという元気が出てくる。

可能であれば、出発の準備を全て済ませてから宿の食堂に行く。食堂からまた部屋に戻るのがしんどいから。なんだかんだ、部屋と食堂を行き来すると２００ｍくらいにはなる。可能な限り移動距離を縮めたい。

身体が文字通り資本なので、朝ごはんは可能な限りたくさん食べる。その後、仕事が残っている場合には仕事を片付けてから出発する。

バックパックに入れていたＰＣにiPhoneをつなげて常時充電しながら、Google Mapとランニングアプリを起動し、道を調べ、ランニングのペースを確認しながら走る。スマホが無かったら、このランニングはずっと厳しいものになっていただろう。

走り始めは体中が痛くて仕方ないけど、30分も経って身体が暖まってくると、動くようになる。朝はまだ元気があるので、The Economistのオーディオブックをずっと聴きながら走る（なので、この期間ほど世界情勢に詳しくなった時期はなかった）。

午後3時くらいになると、その日のうちに辿り着ける場所が見えてくるので、宿を探しはじめる。歩きながら携帯電話で検索をして、目的予定地にあるホテルを調べ、電話で予約を済ませる。この期間に一番多く行ったのは、ルートインホテル。なぜなら、朝ごはんがビュッフェで食べ放題、大きな浴場がある、コインランドリーつきという三拍子揃っているから。しかも、出張マッサージのサービスまであるので、本当に疲れた時にはマッサージ師さんに来てもらえる。サービスが規格化されているので、不確定要素が減ることもありがたい。

走っているうちに日が暮れてくると気持ちも沈んでくるので、音楽を聴き始めるようになる。たまには、すごく気に入っている演説集のオーディオブックを聴いたりもする。Steve Jobs や Randy Pausch の大学卒業式でのスピーチを聴いていると元気が出てくる。Martin Luther King Jr. の伝説の演説も、Chaplin の「独裁者」での演説も力が出る。肉声が残っているというのがいかに素晴らしいことか。本当に苦しい時に、この人たちの言っていることを聴いていると、本人たちのスピーチとは関係のないところで、啓示めいた気づきが得られることもある。

足に激痛が走るようになってからは、ランニングの平均時速が6㎞を越えることはまずなかった。一日のランニングの平均時速を5・5㎞から6㎞程度に保ち続けるため、座って休む時間を極力少なくしていった。コンビニやお店で食べ物を買っても、座って食べずに、歩きながら食べる。15分も歩けば1㎞進むことができるからだ。昼ごはんは座って食べるが、その座っている時間は伸びてきたテーピングを貼り替えるために費やされる。

時には一日に90㎞を走ることになるので、平均時速6㎞を達成できたとしても15時間、山道などが厳しくて平均時速5㎞になると18時間になってしまう（ところで、ランナーは大抵「キロ◯分」という風に1キロあたりの走行速度でペースを測るのだけど、僕はなぜかそれが苦手で時速で数えてしまう）。

どんなことがあっても、その日に決めた走行距離は走りきった。後ろ伸ばしは後になって自分を苦しめるというのがひとつの理由。自分自身でやると決めたことをやり遂げないと、自分の中で張り詰めていた規律が切れて走り続けられなくなってしまう気がしたというのが、もうひとつの理由だった。

後半においては満身創痍のまま長い距離を走ることが多かったので、宿に到着する時間もかなり遅くなった。ひどい時には、到着時間が午前3時や4時を過ぎることもあった。

宿に着く時間にもよるけど、夕方に着いた場合には、地元の飲み屋でお酒と地元の食べ物を食べる。身体が筋肉を再生させてくれるように、タンパク質は多めにとる。エネルギー源の炭水化物も。お陰で、この期間に全く体重が減らなかった（というか、むしろ少し増えた）。行儀は悪いのだけど、ご飯を食べお酒を飲みながらPCを開いて、溜まっているメールを片付け、その日のランニングの記録を書く。ネットで次の日の道がどんなものかもだいたい調べておく（調べすぎると時間がかかってしまうし、つまらないので、ああ、ここは山がきつそうだな、といったレベルまでだけ）。

着替えはパンツと靴下以外は持っていないので、毎日宿についたらそこで洗って干す。コインランドリーがあったらラッキーだがなかったら手洗い&部屋干し。手洗いの時のコツは、衣服を絞ったあとにバスタオルに包んで、その上に乗っかること。そうすることで水気がとれて、次の日までに確実に乾く。宿に備え付けのパジャマがあったらそれを着るし、なかったら下着のままで眠る。

風呂には入る。入ったあとは、足首を冷やす。宿の人に、三重くらいにしたビニールに氷を入れてもらって、その氷袋を手ぬぐいで足首に固定する。

長い距離を走っていると身体が疲れて体温調整機能が失われてしまうのか、とにかく寒くて仕方がなくなる。だから、眠る時は常に暖房を最大出力にする。体温と同じくらいに部屋が温かいと、身体が体温調整に使うエネルギーを身体の再生に費やしてくれるのかもしれない。

走る場所や身体のコンディションは日によって違ったけれども、この期間の生活は毎日がこんな感じだった。

終わりは死ぬまでなく、ただ方向があるのみ

この期間の精神状態は、とてつもない悪天候の中、ボロボロの飛行機を不時着させようと全力を尽くすパイロットの気分に近かったといえるのかもしれない。経験したことはないけれども。

厳しい痛みにもヤケクソにならず、いつも身体のどこかが変になっていないか、フォームがおかしくなっていないか、どこからか危険が迫っていないかに細心の注意を払い続けた。夢中になって走っていると、どうしても自分の身体の声を聞き取れなくなったり、周囲の危険に対しても鈍感になったりする。そういった油断が命取りになる。

こう書いていると、苦しいだけの日々だったかのように思えるかもしれないけど、毎日何らかの楽しいことがあった。美味しいものを食べたり、土地の博物館や名勝地を見たり、ふと大切なことに気づいて涙を流したり、と

いった経験をすることで心が随分と軽くなることばかりだった。

幸い、道中通じて食欲が無くなったりすることがなかったので、苦しい時には美味しいご飯が元気を与えてくれた。岩手で食べたわんこそば、気仙沼で知り合いのおばあさんが出してくれたカツオの刺身、真夜中についた関川村の旅館で女将さんが出してくれた賄いご飯、新潟の西にある名立の道の駅で食べた海鮮丼、出雲で食べたお寿司、須佐で食べたイカ、長門で食べたふぐ。どんなに疲れていても、美味しいご飯を食べると人は元気になれるということを身体で学んだ。

また、せっかくの貴重な機会でもあるので、多少の寄り道をして、地元の博物館や名勝地を見ることもした。どんなに大変な時であっても、偉大な人の生涯や、それに一生を捧げた天才が作った作品、自然の作り出す美しい風景に触れると、心が安らいだ。

毎日きちんとした宿をとれて、食事にありつけたことがどんなにありがたかったか。事情を聞いた人たちの思いやりや気遣いも身に染みた。このマラソンは、その他にもたくさんの気づきを僕にもたらしてくれた。

苦しみのなかで生きる喜びを学び、生きていく上で大切なことについて学びを得て幸せな気分を味わっていくうちに、あっという間に最終日になっていった。27日目、本州の西端から見える海に沈む美しい夕焼けを拝んだあと、最後の30㎞を気持ちよく走ったところで、目的地である下関駅に辿り着いた。そして、長い旅が終わった。

　特に苦しい走りであればあるほどそうなのだけど、ゴールに辿り着いた時に喜びを全身で表現したり、はしゃいだりはしなくなる。長い距離を走り終えた最後はいつもそうだ。ゴールはそこにあるのだけど、そこに辿り着いた時には、ゴールはもうただの通過点と化していて、そんなに大きな達成感が沸き上がってくるわけではない。辿り着いた時点で、次の何かがまた見えてくる。ああ、終わりは死ぬまでなく、ただただ方向だけがあるのだなあと思う。

到着！

倦まず弛まず続けること

　とっても長い距離を走り抜くには、まず目標を立てたあとにどうやってそこに行くのかを決めないといけない。それが戦略。その後、道程を細かくブレークダウンして、どの道をどう走るのか、どこで泊まるのか、補給をどうするのか、荷物をどうするかなど細かいことを決めないといけない。それが戦術。

でも、戦略や戦術の重要性は相対的には低い。仕事でもそうで、何をやるべきか、というのは、本人がそういった訓練をある程度受けているか、そういった訓練を受けた人を味方にするかすれば、だいたい外すことはない。

一番大切なのは、やり切る能力。英語でいえば、implementation、execution の能力であって、走っていて何よりも重要だと痛感するのもこの能力。やるべきことを、コツコツと、休みなく行うこと。

この期間にウサギとカメの競争が意味することを身に沁みて感じるようになった。これまでの僕のウルトラマラソンはこの意識が薄弱で、休みを長く取りすぎていたのだと思う。厳しい体調の中で長い距離を長い期間走り抜くためには、走ること以外に費やされる時間をいかにして最小化するかが大切であることに気づいた。

具体的にはこういうことだ。朝起きたらダラダラせずに手早く準備を進める（ミイラ男みたいにテーピングをするので時間が結構かかる）。道中でストレッチなどの体操をすることは必要だけど、そのついでに休むのはだめで、とにかく時間を区切ってパパッと休んだあとは前に進むことが大切。ご飯も可能な限り歩きながら食べる。宿に着いてからも服の洗濯、濡れたレインウェアやバックパックの乾燥など、やるべきことをサッと済ませて眠る時間を確保する、など。

アキレス腱を痛めてからの僕の時速はだいたい6・0㎞前後で、1分が100mに相当する。10分足を止めると1㎞、30分では3㎞が機会コストになる。この積み重ねは本当に大きい。

この「やるべきことを、倦《う》まず弛《たゆ》まずやり続ける」というのは、走ることだけでなくて、何をやるにも大きな違いを生み出すものだと僕は信じている。

毎日毎日、筋肉の炎症で熱が38度近くあり、身体のいろんな箇所が痛む状態で、でもきちんとやるべきことを毎日コツコツとやることは、どんな状況においても心乱されない訓練にもなる。天気とか体調といった自分で操作できないものには心乱されず、今自分にできることを無心に行うための訓練。

こんな話をしても、ほとんどの人には理解されないのだけど、このマラソンの合間に参加したパーティで久々に会ったある素敵な先生は分かってくれた。彼女は"That makes a big difference"と言っていた。

そんな自分だからこそ、途上国で金融機関を運営するという今の仕事は本当に向いているのだと思う。というのも、この仕事において特に大切なのは、何か突飛なことを思いつくことでなく、きちんとプランを作ってそれを実現するために一歩一歩やるべきことを続けていくことにあるからだ。

続けるための三つの方法論

上で述べた精神論だけでなく、この期間を通じて、苦しい時にそれでも何かを続けるためにやったほうが良いと気づいたものが三つある。

まずは、眠ること。どれだけしんどくても、よく眠って起きるとだいぶ身体は楽になる。僕はどんな心配事があってもいつもぐっすり眠れる体質なので、本当にありがたい。仕事でどれだけ嫌なことがあっても、ぐっすり眠れさえすれば、次の日には楽観的になって良いアイデアも湧いてくる。このウルトラマラソンのあと、僕は仕事で半年間ずいぶんと苦労したのだけど、その時もよく眠ることを心がけたお陰で、いつも朝だけは前向きな気分になれた。

次に、美味しいものを食べること。先ほども書いたように、疲れている時に美味しいものを食べると、びっくりするくらいに元気になる。数値化された栄養価としては全く同じはずのコンビニのごはんや、チェーン店の食べ物ではそういったことは起きないことが多い。落ち込んだりするような時は、ちょっと奮発してでも美味しいものを食べたほうがよいと思う。

最後に、何かにとりかかる前の儀式をつくること。このウルトラマラソンの期間でいえば、毎日のようにテーピングをして、ランニング用のタイツを上下着て、レインウェア兼防寒具の上着を着てバックパックを背負うと、どんなに苦しい時でも「よしやるぞ」という気持ちになることができた。おそらくだが、単に精神的な儀式でなく、自分の外見についても何らかの違いを設けるのが望ましい。仕事に関していえば、やはり大切な仕事の時には髪型もスーツも靴も鞄もビシッと決めると、どんなに疲労困憊していても、「よし頑張ろう」という気分になる。シワの入ったスーツやくたびれた靴だとイマイチ気分が乗らないのであれば、ちゃんとスーツにアイロンがけをして、靴を磨いたほうがいい。

どれもこれも、暮らしの医学の本や、自己啓発系の本に何度でも登場するようなことだ。ただ、それを本で知識として知ることと、自らの身に沁みた体験として学ぶこととの間には雲泥の差がある。

長い距離を走るうちに自然と断捨離が進む

苦しいなか何日も走っていると、とにかく装備に気を遣うようになる。荷物が重ければ重いほど走るのが苦しくなる一方で、必要なものが無いと難儀するからだ。この長いレースを完走するために僕が辿り着いた装備は次のようなもの。

・シューズ×1：もともとはアシックスのゲルカヤノを使っていたのだけれど、色が気に入ったのでアシックスのGT-2000 New York 2の幅広タイプを使うようになった。

・バックパック×1：GREGORYの容量12リットルのもの。第1ラウンドまではこれよりも大きなポーターのバッグに荷物を詰めていたけど、さすがに重かったので、こちらに変更。

・ＰＣ：Macbook Air（13インチ）を、毎日走り終えてからブログを書いたり大量の仕事メールのレスをしたりするのに使用。走っている時には、iPhone の充電器としても活躍。アダプターも含めると重量は相当なものになるが、記録をその日のうちに書かないと道中記が書けないと思ったので持ち歩くことに。

・携帯電話：ａｕの iPhone5。この携帯のせいか山奥のせいか不明だけど、ときどき電波がひどい状態になり不安になる。Google Map と Runtastic（ペースなどを音声で教えてくれるランニングアプリ）が大活躍。もちろんＵＳＢケーブルも。

・カメラ：Ricoh GR Degital4を使用。ずっと森山大道サイン入りの初号機を使っていたのだけど、酷使し過ぎでお釈迦になったので4号機を購入。銀塩カメラ時代からＧＲレンズの写真写りは最高だし、大雨のなかで少し使っても意外と平気でいてくれる。充電器もコンパクトで助かる。

・ランニングタイツ×１：ワコールで作っているランニングタイツであるＣＷ－Ｘを上下で着ている。

・マスク×1：隠れた必需品。排気ガスが多いところを一日中走っていると、夜には喉が痛くなる。特に空気がこもりやすいトンネルでは必ずつける。

・ゲイター×1（ふくらはぎスパッツ）：アキレス腱が痛くなってから使いはじめた。

・五本指靴下×3・パンツ×3：三つ必要なのは、大雨の中で走り続け、それが止んだ後にちょっと靴が乾いてきたら靴下を交換するため。靴下が濡れていると足がふやけて、水ぶくれなどが大量にできてしまうし、疲労も溜まりやすくなる。

・レインウェア：パタゴニアのレインウェアを上着2着とパンツ1着。上着の1枚目のサイズはMで、これを着てからバックパックを背負う。でないとバックパックが背中の汗で濡れて中のPCにまで侵食してしまうから。もう一つの上着のサイズはXLで、これは雨が降った時にバックパックの上から着込んで中身を保護するためのもの。パンツのほうは、もともと大雨対応で着ていたのだけど、後半は寒さ対策でどこでも着るようになった。

・長めの手ぬぐい×2：タオルはかさばるので薄い布の手ぬぐい。手ぬぐいとはいえ、なんども水気を絞りながら使うと十分にタオル代わりになる。一つは常時頭に巻いておいて、寒い地域では耳までかぶせると、耳が寒さで痛くなることはなくなる。

・テーピング×3：キネシオテープと普通のテーピングと防護テープの三種類。かなりかさばるので、残量が少なくなったタイミングで薬局に行って購入。

・小型のハサミ×1：防護テープを切ったりするのに必要。

・軟膏×1：足に傷が入ったまま走ると化膿しやすいため。

・ヘッドライト×1：夜間走行に必須。真夜中の山奥で電池切れが起きたら最悪なので、必ず予備電池を用意しておく。

・アメニティ：石鹼、歯ブラシ、保湿クリーム。

・ポケットティッシュ×1：トイレや鼻をかむ時、水気を拭き取る時など、何かと役立つ。

・ジップロック×5：隠れた必需品。普段から財布代わりに活躍し、大雨の日にはiPhoneをジップロックに入れて、その上から操作する。

・薄い本×1：最後の時期は小児がんの本で、その前はマルクス・アウレリウスの『自省録』で、その前は『周恩来秘録』。お風呂に入る際などに読む。
・アミノバイタル：一日6本飲めるような分量を買いだめ。他の食べ物はそこら辺で買う。

最悪のケースを回避するためのリスク管理

今になって思うと、このウルトラマラソンの道中では様々な危険と隣り合わせだった。無事に走り切れたのは僥倖ということもあるが、やるべきことはやっていたつもりだ。本州縦断マラソンにおけるリスク管理について書いておきたい。

これは仕事でもそうなのだけど、僕のリスクに対する考え方というのはちょっと人と変わっているようだ。普通の人の場合、リスクの程度とそれに対する用心深さの程度がある程度比例しているようだが、僕の場合、リスクの重大さが一定の閾値を越えたらそれに対する態度がガラリと変わる。

致命傷にならないリスクについては多少注意するものの、「起きる時は起こるものだろう」とある程度諦めている。一方で、根本的なリスク、もしそれが顕在化したら死に近いような状態になるリスクに関しては、その可能性がいくら低くても細心の注意を払う。

例えば、投資の仕事において不確定要素があるような場合、それが単に利益水準を上下させるだけのものであれば、「まあ何とかなるだろう」とかなり楽観的に構えることが多い。一方で、その読みが外れた場合に投資プロジェクトが確実に失敗するというような不確定要素がある場合には、その要素を調べに調べて、リスクを制御する方法を考えて、それでも安心しない。例えば、投資先の経営者に裏切られるかもしれないというようなことが考えうる場合には、その投資にはとても用心深くなる。

この性格のせいもあって、リスクに対する議論があまり人と噛み合わないことがある。相手がとても心配しているのに、僕は「なんでそんなことでこんな時間をかけて議論するんだろう」と思うことがある一方で、相手が「これだけ調べたしリスク管理の方法も考えたのだから良いのではないか」と思うような場合に、僕は首を縦に振らなかったりする。

前置きが長くなったが、この期間の具体的なリスク管理について書いておこう。

車に轢かれないために

まず、歩道がある場合には、必ず歩道を走る。

問題は歩道が無い場合で、その時には必ず道路の右側を走る。なぜなら、左側を走っていると、車は後ろからやってくるので、車のドライバーがハンドル操作を誤った場合には為す術もなく轢かれるしかないからだ。一方で右側を走っていれば、そういった場合に車を避けるためのアクションをとることができるかもしれない。計算上は、右側を走っているほうがより多くの車とすれ違うことになるとしても、右側を走る場合のほうが、まだ運命をコントロールできる。

とはいえ、右側走行をしていても、時に危ない目に遭うことがある。それは、トンネルの中や、断崖絶壁の上を走っていて、右側に避けようとしてもそれが不可能である時だ。交通量がある程度多い時は、車のスピードも落ちているが、特に危ないのは交通量が少ない時だ。例えば真夜中の田舎道では、車は全速力で飛ばしてくる（だいたい、地方の道では皆さん指定速度＋20〜30㎞で走っているように思う）。

だから、夜間に交通量がほとんどない道を走る時は、相手の車が遠い時にはわざと道の真ん中を走っておく。そうすれば、相手の車も走っている人がいることを認識してくれる確率が高まるからだ。その上で、車が近づいてきたら道の右端に移動する。だから、夜のヘッドライトは必須になる。ただし、カーブが多い場所ではこれができないので、耳に全神経を集中させて、車が近くにいないか聞き取る。

これだけやっても、相手の車がハンドル操作を失敗したらもうどうしようもないので、最後はただただ祈るしかない。

オオスズメバチに刺されないために

日本において、最も多くの人間を殺している人間以外の生物はオオスズメバチだ。スズメバチの中でも最大かつ最も獰猛な種。毎年数十名の方が亡くなっている。オオスズメバチは、なぜジャングルも持たない日本にこんな生き物がいるのか不思議になるほどの危険生物で、全世界の危険な虫ランキングでもかなり上位にくるほどだ。

ミツバチなどを一瞬で一刀両断する顎で嚙まれたら血が吹き出す。針には強烈な神経毒が入っていて、ショック症状を起こしたら即死することもあるし、そうでなくても刺されすぎると死に至る。その毒をスプレーにして振りまくこともあり、それが目に入ったら失明のおそれがあるだけでなく、毒には匂いがついていて、それがついたあとは同じ巣のスズメバチにずっと追尾される。ゲームの世界に出てくるモンスターみたいな生き物であり、個人的には恐怖とちょっとした憧憬の対象でもある。

特に危険なのは、秋から冬に入る時期で、このマラソンを走っている時はまさにそのタイミングだった。なぜ危険かというと、スズメバチの繁殖が続き巣のサイズが最大になっている一方で、オオスズメバチの餌となる虫などが採れなくなるから。この時期に襲われる人が多い。

山奥の道を走っていると、オオスズメバチの死骸がたくさん転がっている地域が結構ある。それを見かけたら、警戒度を高める。

絶対にしてはいけないのは、ハチを踏むこと。踏んでしまったら匂いがつくので、周辺にいる同じ巣のスズメバチにずっと追いかけられることになる。

スズメバチは黒いものを襲う性質があるので（天敵である熊に対処するための進化なのかもしれない）、頭は白い手ぬぐいで覆うし、レインウェアを着込んで針が貫通できないようにする。本当はハチ退治スプレーを持っているのが一番。一回、山形でオオスズメバチが僕の隣から離れず、数百メートル並走するはめになり、その時はずいぶんと肝を冷やした。

熊に出会わないために

もし出会ってしまったら危ないのは熊。

日本には二種類の熊がいて、北海道にはヒグマが、本州にはツキノワグマが生息している。

ヒグマに出会ったら死亡確率はかなり高い。ウサイン・ボルトより足が速いし、オスの体重は250〜500kg、体長は2・5〜3・0m、メスでも体重は100〜300kg、体長は1・8〜2・5m。空手で鍛えたからどうにかなるようなレベルの体格差ではない。今回のマラソンで北海道を走らなかったのも、ヒグマ対策が思いつかなかったからだ。猟銃を持ちながら走るわけにもいかない。

一方、本州にいるのはツキノワグマで、その体長は1・2~1・8m、体重はオスが50~150kg、メスが40~90kg。最大クラスの種が出てこなかったら、必死で道具を使って抵抗すればひるませることもできるかもしれない。とはいえ、疲労困憊の状態で襲われたらキツイけれども。

晩秋は冬眠前の熊にとってかきいれ時なので、これまた厄介なシーズン。とはいえ、熊はもともと人間を怖がる生き物なので、人間がいると知ったらあまり寄ってこない。熊出没注意の看板が出てきたら、iPhoneをスピーカーモードにしてずっと聞いていたThe Economistの音声を流しながら、自分は歌を歌ったりしながら歩く。

山形県にて。東北では特に熊出没注意の看板が多かった

ケガの予防と対策、栄養補給

今までやってきたスポーツとも関連してか、僕の体型はランナーというよりは格闘家に近く、それゆえに走る時に下半身にかかる負担はかなり大きい。なので、走ると必ずどこかが痛くなる。

似たような経験をする人が多いと思うので、可能な限りケガを避ける方法、ケガ対応をどうするべきかについて書いておこう。

ランニングのフォーム

ケガの最大の予防策は、ケガをしにくいフォームで走ること。

足が丈夫な人はさておき、超長距離のウルトラマラソンになると、ランニングのフォームは早歩きが少しランニングになったくらいのものにするべきだと思う。すなわち、走るステップをする時に頭の位置がほとんど変わらないようなランニングフォームになる。忍者のような走り方と言えば想像しやすいだろうか。そうすることによって下半身への負担は下がる。

そのようなフォームで走るためには、体幹をうまく使うことが大切になる。体幹ランニングの本などを参考にしながら、背中と腰回りの筋肉とモモを使って走るのが良い。そういえば、宮本武蔵の『五輪書』を読んでいた時に、「走るのは歩くのと同じようにするべし」と書かれていて驚いたことがある。

坂道

上り坂は基本的に歩くこと。上り坂ではランニングと歩きのスピード差は少ないし、走ることによる筋肉疲労が大きくなるため。特に気をつけないと上り坂でアキレス腱が痛くなったりする。

ゆるやかな下り坂では、上から下にかかる重力を前に進む推進力に変えるような走り方をする。文章でうまく説明することは難しいのだけれど、坂道をボールが転がり落ちていくようなイメージで、可能な限りなだらかに走れるようにする。これができれば、膝への負担を小さくしつつ、速く進むことができる。

そういったことができないほどに急な下り坂では歩くこと。足への負担が大きく、ケガする可能性が高いため。急な坂道を登ったあと、また急な下り坂だとずいぶんとガッカリするが、いたし方ない。

ランニングタイツとサポーター

ケガ予防や疲労軽減のためにも、ランニングタイツは買っておくのがよい。オススメはワコールから出ているCW‐Xで、2万円程度と少し高価だが、ランナーたちから圧倒的な支持を集めている。

他に、サポーターは不安のある部分につけておいても良いかもしれない。

特に人気があるのはゲイターと呼ばれるふくらはぎサポーター。

シューズ

足に合うものを選ぶ。特に、長く履いてきた靴と中敷きを使うべきだ。シューズには幅が通常のもの、狭いもの、広いものとがある。アシックスストア等にいくと、足の形を測って、どの既成品シューズが自分の足に合っているのかを教えてくれるサービスがあるので、これを利用してみるとよいと思う。

なお、ウルトラマラソンのランナーの間では、アシックスは圧倒的な支持を集めている。ただひとつ苦言を呈するのなら、色使いその他見た目をもっとかっこよくしてくれないか、ということだ。あくまでも個人的な主観ではあるが。

最近普段走りや100㎞程度の走りでは、靴を気にしなくなった。今はナイキの赤い靴で走っている。裸足に近い感覚でいられるのが特長のシューズだが、ウルトラマラソンを走るのには決して向いていない。「弘法筆を選ばず」というほどには熟達していないが、慣れてくると道具に対してはあまり神経質にならなくなるのかもしれない。

キネシオテーピング

自分がケガをしやすいポイントを知っているのであれば、そこには予めキネシオテーピング（伸縮性のあるテーピング。筋肉の代わりをしてくれる）をしておいたほうがよいだろう。僕の場合は、腰から膝まで続いている腸脛靭帯はほぼ間違いなく痛くなるので、おまじない代わりにテーピングはしておく。それと、このランニング期間の半分以上はずっとアキレス腱の痛みに悩まされてきたので、はじめのうちからアキレス腱も保護しておけばよかった。他に、時々痛くなるのがスネの筋肉。

キネシオテーピングの貼り方はこの期間にずいぶんと詳しくなった。Google 検索をしたらほぼ間違いなく痛みの性質別のテーピング法が写真つきで出てくるので、それに従えばよい。

特に痛みだしたら、とにかく早め早めに固定用のテーピングをする。やり方はキネシオテーピング同様に検索をしていたら見つかる。後半は毎朝ずっとテーピングをしてから走っていた。

特に心配である場合、テーピングとキネシオテーピングは、6時間走ったら貼り替えること。体感でしかないのだが、6時間を過ぎるとテーピングが伸びてきて、本来の保護機能が弱くなるためだ。一日の後半では、ただでさえランニングの疲労が理由で致命的なケガの可能性が高まるので、テーピングも用心深く行うべきだろう。

アイシング

宿に着いたら痛い部分を必ずアイシングすること。湿布やバンテリンなどよりも氷をビニール袋に詰めて、それを痛い部分に当てるのがよい。宿泊場所が旅館やホテルなら、お願いして氷袋をつくってもらう。ビニール袋1枚だと破れるので、2、3枚重ねてもらう。足が熱を失い、かつ指で足を押した時に感覚が鈍るまで冷やし続ける。氷袋をつけたまま寝てもよし。

ストレッチ

朝はストレッチをするよりは、走り始めに30分くらい歩くのがよい。運動前のスタティック・ストレッチ（筋を伸ばす系のストレッチ）は、ケガの予防にならないかもしれない、という研究結果もある。

ストレッチをするのなら夜。風呂に入っている間や、風呂を出た時にストレッチをするとよい。

食料補給

エネルギー切れを起こさないため、とにかくたくさん食べること。１㎞走ると体重分のキロカロリーを消費すると言われている。すなわち基礎代謝が１５００キロカロリー、体重70㎏の人が60㎞走れば５７００キロカロリーくらいは消費することになる。その分食べ続けないといけない。

エネルギー源になる炭水化物も必要だが、身体を再生させる材料であるタンパク質もきちんととる必要がある。一度の食事で吸収できるタンパク質は30ｇまでらしいので、何回にも分けて食べる。

人里離れた場所を走っている時は、コンビニなどに寄ることができたら40㎞分は走り続けられる食料を買い込んでおくこと。最悪の場合、それくらいの区間コンビニが無いことがあるため。

自動販売機はどんなところにもあるので、水分がなく軽い食料を選ぶ。すなわち、おにぎりやゼリーでなくカロリーメイトやプロテインバーなどを買う。

1648㎞を走って学んだこと

靴を5足履きつぶして長い距離を走り抜いて、僕は何を学んだのだろうか。ここまで書けなかったことについて、最後に書いてみたい。

冒険をする人が道半ばで死ぬことの意味

この期間、歩道の無い夜道やトンネルで、「もしかしたら死ぬかも」と思うことが少なくなかった。実際、この期間に歩道のない狭い道ですれ違った車の数は一万台を超えているわけで、そのうち一車でもハンドルを歩道ギリギリのところに進めていたら僕は死んでいたということになる。歩行者が普通はいないところを走り続けていたので、車の運転手側も注意がおろそかになることも十分にありえたし、実際に何回かは本当に危ない目に遭った。

そんな状況で、何度も思い浮かんだ情景は、不注意な車にボーンとはねられて、僕が横たわっているところに「GAME OVER」の字が浮き上がるも

履きつぶした靴。一番はじめに履きつぶしたのを捨ててしまったのが残念

の。映画のシーンになるにはあまりにもあっけないので決して「The End」ではなく、ゲームの序盤で死んでしまった時のような風景。

そんなイメージを思い描きながら、「この旅の途中で自分が仮に死んだとしたら、それは愚かなことなのか」ということを、結構まじめに考え続けていた。

ずっと考えた結果、それは僕にとっては決して犬死にのようなものなのではないということで整理がついた（ところで、こういう死に方を「犬死に」と呼ぶのは、犬に対して申し訳ない気がする）。

死への納得感において大切なことは、その死の直前において自分の行動が自分らしくあり続けるかどうかにあるのだと思う。自分らしく生きているうちに何かの不幸に遭って死んでしまったとする。その人は、最後まで自分がこうあるべきと信じていることと、自分のふるまいを一致させていたわけで、それは一つの立派な生き様といえるのではないだろうか。逆に悔やまれるのは、自分がやるべき・やりたいと思っていたことをしないまま死を迎えることだろう。やりたいことが周囲からすれば危ない冒険だとしても。

他の誰がなんと言おうと、僕にとって今回のマラソンの意義付けは明確だったし、その途中で仮に死んでしまったとしても、それは納得のいくものだと思うことができるようになった。その時から、例の「GAME OVER」の情景が頭をよぎることはなくなった。これは、何かを達成するための勉強や訓練の途上で死んでしまうことをどう考えるのか、という点についても敷衍することができる考えなのだろう。

念のため少し書き足しておこう。もちろん命は大切なもので、決して失わないように細心の注意を払うべきだ。ここで書きたいのは、それでもいざ望まない瞬間がやってきた時の心構えをどうするべきか、ということだ。命は大切だけど、それよりも大切なものはある。

苦しみは抱きしめることによって軽くなる

この期間、常に苦しみ続けた。だから、この苦しみとどのように付き合うか、というのはとても大切なテーマであり続けた。

27日間ずっと側に居座っていた苦しみとの付き合い方は、それから目を背けないで、直視して、抱きしめることだと、敦賀の海辺を走っている時にふと気づいた。苦しみは、何かをし続けている限りずっと隣に座り続けている座敷わらしみたいなもので、いくら追い払おうとしてもいなくなるものではない。だとしたら、せっかくなのだから苦しみとは友だちになったほうがいい。

仏教やキリスト教などでよく言われている教えのひとつに、「あなたは苦しみ続ける」というものがある。ニーチェはこれを「奴隷道徳」とこき下ろしたけれど、いまならニーチェに反論できるかもしれない。彼に、「これは、人間が決して離れることができない苦しみに対してどのように向き合えば幸せになれるかについて、一種のライフハックを教えているのだと僕は思う」と話したら、どんな反応をするのだろう。

誰かに虐げられていなくても、またどんな超人であっても、人は何らかの苦しみから逃れることはできない。その苦しみを災難と捉えるのではなく、その苦しみがある状態をデフォルト設定と考えれば、世の中に残るのは喜びしかない。苦しみは生きている証拠で、それを友とし、道連れとしたい。

ただし、こういった精神論に頼るのは最後にするべきであって、そういう状態になる前に可能な限り苦しまない工夫をするべきなのだとは思う。

途方に暮れた時こそ足を前に出す

日々のランニングの記録は、宿の布団の上もしくは各ラウンドが終わったあとの帰りの電車の中で書いたものだ。すなわち、一日を終えてホッとして、走っている時のつらい心境が少し遠のいたタイミングで書かれている。この道中記が若干淡々としたトーンになっているのは、僕の性格によるものだけでなく、一仕事終えた後の安堵とともに書いているから、というのもあるのだろう。

実際のところはもっとつらいことばかりだった。特にきつかったのは、後半の富山→福井と福井→鳥取の区間。たくさんの坂道、きびしい雨降り、寒さ、一日に走らないといけない距離の長さ、アキレス腱の痛み。

一番印象に残っているのは、峠を越えて兵庫県の朝来市に入った時のことだ。山奥で24時を回り、周りには何もない、気温は氷点下で休むと身体が凍りつく、でも足は動かすだけで痛い、今日のゴールは残り20㎞。明日はさらに90㎞走らなければいけないと考えただけで気が滅入る。

人が途方に暮れる理由の一つは、ゴールまでの道のりが想像つかないほどに遠いことにあるのだと思う。想像がつかない遠さは、そこに辿り着くまでにかかる時間を読めなくする。

この「耐え忍ぶ時間が読めない」というのがポイントだ。つらい境遇に直面している時でも、人はその期間にいつ終わりが来るのかを明確に分かっていたら耐え抜くことができる。しかし、その時間が全く読めなくなると、多くの人は崩れ去ってしまう。今回のランニングの場合、走る距離は決まっているものの、身体のコンディション的にいつまでにそれを終えられるのか分からないということに、途方に暮れる要因があったのだろう。

こういう、終わりが見えない忍耐をしているかのように感じて、どうしても気持ちが落ち込んでくる時にやるべきことは、ゴールを細かく設定して、足を前に踏み出すことだった。

先にも言ったように、人が途方に暮れる原因は、現在進行中の忍耐の終わりがいつなのかが見えないことにある。なので、まずはこの状況についての見方を変える必要がある。「〇〇まであと１００㎞」といった看板はいったん見なかったことにして、とりあえずは10㎞先にある町に狙いを定める。そこまで行けば、コンビニやご飯を食べる場所もあるので、そこで小休止することができる、と自分に言い聞かせて。10㎞であれば、歩きながらでも2時間で辿り着く。よし、頑張ってみよう、あと1万歩進めばいいから、100歩進めばもう100分の1だ、という風に。

こういう確信を得るためにも、細分化された行動計画を練るのは大切なのだと思う。これから数ヶ月、数年でやること全てのゴールだけを眺めていると気が遠くなってしまうから、そのゴールに辿り着くまでにやるべきことを可能な限り細分化することで、達成感を得ながら前に進むことができるようになる。

ただ、時には、ゴールを細かく設定できない場合もある。そもそもゴールがどこなのか分からない時だってあるからだ。

そういう時であっても、決して立ち止まらず、仮のゴールを決めて愚直に足を前に進めることだ。足を前に進めることで、どんなに遠くてもゴールは近づいている。今進んでいる方向が間違っているかもしれないとしても、とりあえず前に進めば自分が進んでいる方向が間違いであったことにそのうち気づくことができるし、それはそれで一つの価値ある前進になる。とにかく足を前に踏み出すということを続けることで、僕たちはそれでも自分は前に進んでいるという揺るぎない確信を得ることができる。

それでも足が前に出ない時は、何かの力を借りる。走る時であれば、足を前に踏み出すのと同じテンポの曲をかけ続ける。今回の走りでは、序盤は「ヘビーローテーション」にお世話になったけど、普段から僕の iPhone には「ランニング用音楽」というプレイリストがあって、気が滅入る時はその音楽を聴きながら足を前に出す。一番のお気に入りは、スピッツの「８８２３」という曲。ラジオ番組に出してもらう際に、途中に流れる曲を自分で選べるような場合には、まずこれをリクエストするくらい好きな歌。

ここまで述べたことを、ゲーテはたった一言で表現した。天才詩人の一文は、凡人の百文に勝ることをまざまざと見せつけられる。

「ただ溌剌とした活動によってのみ、不愉快なことは克服される」

このウルトラマラソンが終わったあと、僕は新しく始めた本業で本当に苦しい思いをした。一人きりになってしまった半年間、それでもやるべきことをやり続けられたのは、この時に「苦しくても、先が見えなくても、とにかく一歩一歩前に進む」ということを学んだお陰だと思う。

自然に対する畏敬と感謝が、人を謙虚で素直にする

スポーツをやっている人の全員が気持ちのいい性格の人かというとそうでもない。プロ選手であっても、自意識過剰で、世界が自分を中心にして回っているような人もたくさんいる（僕がそういう性格になれないので羨ましいと思っているだけかもしれないが）。

けれど、あるスポーツを本当に愛して長年やっている人はほぼ全員が気持ちのいい人であると（僕の限られた経験上）いえるスポーツがある。

それはサーフィンだ。

あるデザイナーさんは、一目見た時から、「あ、この人と一緒に仕事したいな」と思わせる気持ちのいい人だったのだけど、その人はサーファーだった。モルガン・スタンレーの時に会った、ものすごく仕事ができるけど気持ちのいいお兄さんもサーファーだった。ＬＩＰのメンバーで最も肩の力が抜

けているお兄さんも、いまはバリ島でサーファーをしながら研究者をやっている。そして、仲の良い大学教授もサーファーだった。

ちゃらちゃらしたサーファーや競技の世界で生きている人は除いて、本当にこのスポーツを心から愛して続けている人には、僕の知るかぎりは気持ちのいい人が多い。その理由を考えていて、最近やっとそれらしい答えがでた。

それは、サーフィンというスポーツにおいては、「人間は自然に抗うことができない」という基本命題があるからではないだろうか。できることは、自然の波に乗り自分の身体を運ぶことであって、波に対抗しようとしたら溺れてしまう。

そういうスポーツをしていたら、人間の小ささについての自覚と、自然への畏敬の念が生れてくるはずだ。そこにこの、「肩の力が抜けたスッキリした感じ」が表れてくるのではないかと思う。

超長距離を走ることを通じても、この自然への畏敬の念は味わうことができる。限界近くまで走っている時に悪天候がやってきた時などは、この境地に（場合によっては）辿り着くことができるようになる。

長い距離を走るようになって、愚痴を言うことが随分と減った。これは、走るということを通じて周囲の環境に文句を言うことがどれだけ詮無いものであるか思い知ることが多かったからかもしれない。

自然や環境を変えることはできない、もしくは容易ではない。比較的容易に僕たちができるのは、その変えられない自然の中で自分がどうあるべきかの選択であって、その選択をしている最中の自分との会話を通じて、僕たちは少しずつ謙虚で素直になっていく。そして、肩の力が抜けてスッキリしてくる。

一度、アメリカ横断マラソンを走り抜いた海宝道義《かいほうみちよし》さんがお話をされているのを近くで伺ったことがある。肩の力がこれでもかというほどに抜けていて、本当に気持ちのいい方だった。僕も走り続けることで、ああいう境地に至ることができたらいいなあと思う。

挑戦できる人はラッキー

走っていると、多くの人が夜中でも働いているのを目にする。寒いなか工事現場で働いていたり、真夜中でもコンビニで働いていたり、と。

這うようにして真夜中の鳥取県を進んでいた時のこと。コンビニで温かいご飯を食べて元気を取り戻し、さてまた動き出そうとしている時に、道路には午前2時にもかかわらず工事をしている人たちが目に入った。僕よりも随分と年が若そうにみえた。

なぜかその時に、心の底から、「ああ、僕はこの人たちのお陰で、挑戦とか冒険とかができているんだ」ということを思い知った。なぜかいつも啓示は突然にやってくる。

挑戦とか冒険とか修行とかは、他に働いている人がいるからやらせてもらえているものであって、その境遇にある自分に感謝することはあれ、自分が為した何か、為そうとしている何かをたのみ傲慢になることは大間違いだと思う。

起業だってそうだ。もちろん本人には「世の中に価値のあるものをつくり出す」という信念があるのだろうけれど、それが客観的な真実であるかどうかは誰にも分からないし、少なくとも開始当初においては99・99%の起業家は世の中から何かを受け取ってばかりだ。チャレンジをさせてもらえるのは、今すぐ世の中で必要とされている仕事をやっている大勢の人々がいるお陰。

いろいろなものを投げ出して取り組める状態にあるしあわせに感謝し、あとは淡々と走り続けよう。周りにどう思われるとかいった感情はどこかに投げすてて、自分の心が命ずることにどれだけ忠実であるかだけを真摯に問い続けよう。その心のあり方も、とらわれず、固執せず、我を通さず、謙虚で素直にあり続けられるよう、僕はこれからも走り続けるのだと思う。

コラム3

身体が動くうちにやりたいこと

友だちから「本州縦断の次にやりたいことは何かあるの？」と聞かれることがあるのだけど、身体を動かすことに関連したことでいうと、生きているうちにやりたいことはいくつかある。

一つは格闘技を一度きちんとすること。愛読書のひとつである吉川英治の『宮本武蔵』を読んで以来、僕は格闘技を通じての自分との対話に心惹かれている。そこには、単に強くなる以上の何かがあるように思う。対戦相手と向き合うことというのは、自分の中にある慢心や恐れとの闘いでもあって、本質的には長い距離を走ることと変わらない。最近は、日本とカンボジアにいる間はキックボクシングのジムに通っている。

つぎにやりたいのは登山。山に惹かれる理由も基本的に同じで、誰もいない静かな世界で困難に直面しながら、自分との対話をしたいからということに尽きる。4月の八ヶ岳の雪山を走って登るだけでも、心が静かに落ち着いてくるのを感じるので、8000m超の山々を登る時のそれはどれほどのものなのだろうかとワクワクせずにはいられない。

エベレスト登頂は10年前から変わらない「人生のやりたいことリスト」の中に入っている。最近は、『アンナプルナ南壁』という登山家たちのドキュメンタリー映画に深く感動して、どうしてもこの山にも登りたいと思っている。世界で10番目に高い山であるネパールのアンナプルナの南壁登頂ルートは、世界でも最も難易度の高いルートの一つで、7000mを超えた地点で、7㎞の長い長い尾根を登らないといけない。この長い尾根が登山家たちの体力を奪うため、ベテランの登山家たちが挑んでも生存率60%未満という恐ろしい山になっている。

肝心の走ることでは何がしたいのかといえば、中期的にやりたいことはオーストラリア大陸横断だ。これは2ヵ月強あればできるはずなので、仕事が10年後ぐらいに一段落ついたらやってみたいと思っている。

もっと時間のかかるものでやりたいことは、地球をアフリカ大陸の南端から南アメリカ大陸の南端まで走り抜けること。国籍を持たない僕がこれをやるのはどう考えても至難の業なのだけど、人類が生まれた場所から辿り着いたところまで走ったらまた何かが見えてくるのだろう。

付録

本州縦断マラソン道中記

本州縦断マラソン第1ラウンドで早速洗礼を受ける

10月18日、どうしても外せなかった仕事の用事を東京駅周辺で17時に終えたあと、そのまま新幹線で八戸駅まで向かう。駅に着いたのは22時になるころ。まだ10月なのに、こっちはずいぶんと寒い。

ところで、今回は驚くほどに下調べをしていない。

あ、嘘をついた。「今回は」、でなくて、「今回も」だった。

性分としか言いようがないのだけれど、そもそも旅に出るのも大抵は1週間前くらいに（場合によっては前日に）ぱっと思い立ってはふらっと出て行くのが好きだ。その道中も「明確な目標とおおまかなスケジュールを決めたらあとはその場で臨機応変に」が基本原則だ。仕事だとさすがにもう少しきちんとやるが。

なんでそういうスタイルが好きなのかというと、道を調べてしまえばそれだけ、物事が予測可能になってつまらなくなるからだ。予想もしなかった突発的な出来事にどう対処するかも含めて旅の楽しみなので、どうしても外せないものを除くと基本は行き当たりばったり。

と書くと、川の道フットレースの反省が全く活かされていないようだ。ただ、完走を目標にして下調べをすればするほど予期せぬ出来事に出会う確率が減る分、やはり学びは減ってしまう。その絶妙なバランスを探し続けるほかにないのかもしれない。

今回もGoogle Mapでだいたいこういう方向、というところまで把握している程度だ。大きめな駅であれば宿くらいあるだろうし、宿が見つからなかったらまた次の町まで走ればよい、というくらいのことしか考えていなかった。

1日目（八戸→いわて沼宮内駅）

八戸駅の東横インで6時半から朝ごはんを食べて、6時53分に出発。八戸の名物はせんべいで、スープにまで入っている。

朝7時台で気温は2度。寒い。けど、天気は完璧な快晴。ありがたい。10kmにもならない苫米地駅を走るうちに、昔持っていた腸脛靭帯炎（ちょうけいじんたいえん、いわゆるランナー膝）が早速にやってきた。このウルトラマラソン開始前、忙しくて走り込みをしてなかったせいかもしれない。

いきなりこれでは、先が思いやられる。応急処置としてキネシオテープ（伸縮テープ）をつけて、歩きと走りを交互に進む。

途中で一つ小さな山を越えて、30㎞地点通過。線路際を走り続ける。

ここからは、国道4号線沿いに進む予定だけど、歩道が無くて怖い。13～15時は自分が代表になっているNPO、Living in Peace（LIP）の国内の子ども支援プロジェクトに、携帯電話からSkype参加していたので、息があがらない程度に歩きと小走りを組み合わせる。17時からは、途上国の金融機関支援のプロジェクトのSkype会議に同様の方法で参加して、その後は、また19時半から別の電話会議があった。

奥中山高原に辿り着くまでは、ずっと上り坂でかなり長い道のり。途中で電話会議をしていたら、足が随分と固まってしまい、長めの休憩をとったりしながら進んだ。コンビニがずっとない山奥で、10月にしては驚くほど寒い。気温は5度くらい。痛い膝をかかえながら2時間くらい無言で走り続け、国道4号線の最高標高地点（458ｍ）に辿り着いた時はさすがにうれしかった。

当初目的地だった奥中山高原駅に着いたのは22時頃なのだけど、周辺には

線路際を走り続ける

宿がなかったのだ。ただ、コンビニは見つかったので、そこで暖をとりながらご飯休憩をとることに。そこから13㎞先地点のいわて沼宮内《ぬまくない》駅に一つ旅館の予約がとれたので、ちょっと休んで出発。旅館に着いたのは1時過ぎ。こんな時間にもかかわらず開けておいてくれた女将さんに心から感謝。いつかきちんと恩返ししよう。

初日早々、危ないからやめておこうと思っていた夜道ランをしてしまった。そして、早速に膝の横の靭帯が炎症をもってしまった。日没までに終わるような距離設定で計画しなおそう。明日は盛岡までの35㎞。

2日目（いわて沼宮内駅→盛岡駅）

昨日眠ったのが3時頃。8時頃に目が覚めて、旅館を出たのは9時10分頃だった。今日は比較的楽ないわて沼宮内駅から盛岡駅まで。

膝腸脛靭帯炎がいよいよ悪化し、10秒走ると10秒足を引きずらずにはいられないくらいに膝が痛くなってしまった。早歩きだけだとそれはそれで足に負担がかかってしんどいのだけれど、今日は一日歩き通した。

途中で入ったイオンの中にあったマッサージ屋でマッサージを受けてみた

けど、全く回復しない。筋がやられているので、マッサージよりも鍼灸系の治療が必要だと思う。三鷹にある、神の腕を持つかかりつけの鍼灸院に行けたらどんなにいいことか。人間はどうして疲れてくると詮無い想念を抱くようになるのだろうか。

パタゴニアのレインウェア2枚重ねでも服が濡れるくらいの冷たい雨に打たれながら、盛岡駅近くの宿に着いたのは17時40分頃。

風呂に入り、洗濯をしてから、とにかく美味しいものを食べようと街に出る。疲れた時には美味しいものを食べるべきだ。

盛岡といえばわんこそば。そばはもともと大好物なので、わんこそばの名店である東屋を教えてもらい、そこまでタクシーで移動（すごい雨で、さすがに走る気にはなれなかった）。

人生で初めてわんこそばを食べた。最初に前菜が出てきて、そのあとは、給仕さんが「どーんどん」とか「よーいしょ」といった掛け声をかけながらそばをお椀に入れていく。食べ過ぎて体調を崩してもよくないので、満腹になるところまで食べたら135杯だった。

お腹がいっぱいになったところで、今度はそば屋の店員さんに教えても

わんこそば135杯完食。100杯以上食べると表彰状と記念品がもらえる

らったスーパー銭湯へいく。お風呂に入ってリラックスして、またタクシーに乗り、宿に戻る。

そして、戻って、勘定を払おうというタイミングで、財布がないことに気づく。いくら探してもない。

記憶を辿る。そういえば、スーパー銭湯で風呂あがりにマッサージチェアに座っていた。しかも、やけにパワフルなマッサージチェアで、グリングリンと動きまわるものだった。

スーパー銭湯に電話をする。

「もしもし、さきほどまでそこの銭湯にいた者なのですが、財布の落し物はありませんでしたか？　たぶん、マッサージチェアのあたりにあるんです」

「ちょっと探してみますね。（保留音が3分ほど続く）ありませんねえ。探しておきますので、電話番号を教えてください」

考え込む。もしかしたら銭湯の店員さんの調べようが十分でなかっただけかもしれない。再度銭湯までいくとタクシー代は勿体ないが、どうせ財布がなかったら後で払うしかないのだし、行ってみよう。

「銭湯までもう一回戻って頂けますか」

「もちろんいいですよ」

銭湯に向かう道で、タクシーの運転手さんが、料金を取りっぱぐれるのではないかと、心配そうな面持ちで話してきた。「もし、見つからなかったら一緒に警察に行きましょうね。だって、あなたがきちんと払うかどうか、確認しなきゃいけないじゃないですか」

気持ちは分かるのだけど、まずは慰めてほしかった。

相変わらずの豪雨のなか、ブルーな気持ちで銭湯に戻る。そこで、マッサージチェアの奥を調べてみると、果たして、死角にはまっていた財布が見つかった。助かった。

店員さんにこのことを説明すると、「いやあ混んでいたから全部探せなくて」という答えが。混んでて探せないのなら、僕も同様に探せていないはずなのだけれども。

とはいえ、財布が見つかったのはありがたい。銭湯を出て、タクシーに戻ると、タクシーの運転手さんは、「奇跡的だ」と喜び、きっちりと1・5往復分の料金を請求してきた。

みんな現金だなと思った盛岡の夜。早く雨が上がらないだろうか。

3日目（盛岡市→北上駅）

5時30分に目が覚める。とにかく毎日メールがよく来るのだけど、仕事のメールを返したりしているうちに6時半になる。食事をぱぱっと済ませて、7時には盛岡の宿を出発。

歩いても結構膝が痛く、走ると激痛。これはまずいなあと思いながら、歩きはじめる。今日は、北上市までの50kmを進まないといけない。

雨は上がり、とてもよい天気。

それにしても、最近トレーニングを休んでいたとはいえ、こんなゆっくりのペースで走っていて腸脛靭帯炎になるのはどうもおかしい。皇居を全力で40km走っても、最後に少し出てくるくらいなのに。

もしかして、靴のせいでないか、と思いつく。今回のウルトラマラソン用に、ショック吸収力が強い中敷きを買ってみたのだけれど、それが走るフォームに何らかの悪影響を与えている可能性がある。

国道4号線沿いに大きめのスポーツ用品店があったので、そこに入り、靴を買い替える。普段使っていたアシックスのシューズ（色違いだけど）が見つかったので、迷わずそれに履き替えて、また歩き始める。

靴を替えたとしても膝は痛い。本当に痛い。岩手あたりでこんな状況で、本当に下関まで辿り着けるのだろうか。まだ全体の15分の1しか走っていない。

歩き続けるのは、タイム的にもしんどいのだけど、精神的にもしんどい。休まずに早めに歩いたとしても時速は5㎞弱程度なので、前に進んでいる気があまりしないからだ。本当に気が滅入るので、iTunesでAKB48の「ヘビーローテーション」をダウンロードして聞いたら、思いのほかテンションが上がってびっくりした。アイドルすごい。それでも、2時間もしたらまた精神的にきつくなってきた。

いつも、こういう時は自分の身体と話す。自分の膝に「痛いのは分かるんだけど、僕は走りたいんです。なんとかならないものでしょうか」と心の中で話し（そして、「膝も自分の一部なのにそれはおかしいだろ」と自分に一人ツッコミしつつ）、なんとか走るフォームを変えてみる。

最初は10回くらいトライしても、やっぱり痛い。膝が「それじゃダメ」と言っているようだ。

国道4号線沿いのスポーツ用品店で買った新しい靴

でも、10回を越えたあたりから、すごく遅いペースなのだけど、走り方が分かってきた。２００歩くらい走り続けられるようになり、走るのと歩くのを交互にできるようになった。さらにもう少し試行錯誤するうちに、もっと走れるようになってきた。

30㎞を過ぎたあたりからは、この歩きと走りの交互のお陰で、平均時速6㎞強で進めるようになってきた。この平均時速６㎞の功労者は「ヘビーローテーション」。この歌をリピートで流し続け、サビのパートだけ走り、他のパートは歩くということをすると、ちょうど1曲流れると５００ｍ走れることに気づいたので、「ヘビーローテーション」をずっと聴きながら走り続ける。いつもファンクやR&Bなどの音楽を中心に流している僕のiPhoneのアルゴリズムはびっくりしたに違いない。今度iTunesストアにアクセスした時のオススメ曲がＡＫＢに占拠されていたらどうしよう。

目的地の北上市に着き、商店街の中にある接骨院に入る。元柔道家の整体師さんで、とってもマッサージが上手だった。「気をつけていってください」、と今晩用のシップをくれた。それと、この整体師さんはあとで「元気ですかー？」と年賀状を送ってきてくれた。本当にいい人だ。

4日目（北上駅→一ノ関駅）

何もしないまま爆睡してしまい、起きたら北上駅前のホテルで6時になっていた。ご飯を食べ、「日経ビジネス オンライン」の原稿を書きあげ、その他メールを返していたら、あっという間に9時を過ぎてしまう。ルーチンでやる仕事があると、走るのも結構大変だ。

そこから出発。昨日の整体師さんのお陰か、2日目以降で一番身体が軽くて、いい感じで進むことができた。膝は、30㎞地点くらいまではほとんど痛みもなくいい感じ。

元々は気仙沼経由で仙台まで走っていく予定だったのだけど、平泉観光をしたくなったので、仙台まで国道4号線を走ることにした。

平泉はとても美しかった。源義経が最期を迎えた地。他の歴史ある観光地と違って人が溢れていないのもよい。そこかしこに桜の樹が植えてあって、春は随分ときれいなのだろうなと思う。

平泉から一ノ関駅まで走り、17時40分前に到着。汗をかいていたのでトイレで着替えて、電車に乗って気仙沼に向かう。気仙沼で働く友人とその下宿先のおばあちゃん（去年の暮にお会いして、また来ると約束していた）に会い、美味しいご飯をたくさん頂く。おばあちゃんが出してくれたカツオのタタキが本当に美味しかった。

夕食を頂いてのんびりしてきた20時過ぎ、そろそろ終電が近いかもしれないと電車を調べてみたら、終電が19時57分だったと知り愕然とする。驚くほどに早い。気仙沼の駅前ホテルで泊まることになった。

5日目（一ノ関駅→仙台市泉）

この日も気がついたら電気をつけたままベッドで爆睡していた。一度4時に目が覚めたものの、また二度寝してしまい、6時50分発の電車で一ノ関駅に向かう。明かりをつけたままだと熟睡できず身体のダメージが抜けにくいので、眠りの規律をきちんと持たないといけない。

一ノ関駅に着いたのが8時15分、そこからテーピングをしたらあっという間に8時40分を過ぎる。日に日により多くの部位が自分たちの窮状を訴えてくるので、その分テーピングが増える。結局今日キネシオを貼ったのは、首肩、両スネ、左膝、両足の腸脛靭帯、腰だった。走り終える頃にはミイラ男

本当にこのカツオは美味しかった

みたいになっているのだろうか。

明日中にできるだけ山形の近くに行っておきたいと思い、今日は仙台市最北の泉まで行こうと決める。一ノ関から栗原市、栗原市から大崎市へと快調に走る。雨は降ったり止んだりだけど、靴がぐちゃぐちゃになるほどではない。昨日食べた美味しいカツオがきいたのか、体調も良い。

しかし、試練は最後にやってきた。大崎市を出てから仙台市まで行く道は、普通に考えると国道4号線で行けばよいのだけど、それがやけに大きな回り道をしているために、Gogle Map はより直線的な道順を指し示していた。

普段は「Google 先生」がどんな近道を教えてくれても国道4号線を走っている。というのも、国道4号線はほとんどの区間に歩道があるし、いざという時に駆け込むコンビニもある程度頻繁にあるからだ。唯一の問題は排気ガスなのだけど、それはマスクをしていれば大丈夫な水準。

とはいえ、今回はさすがに国道4号線が遠回りしすぎだったので、Google Map 通りに進むことにした。

これが失敗だった。結果、小さな山を四つか五つは越え、雨でぬかるんだ田んぼ道を走るというハメになった。確かに距離的には最短だけど、しんどさ的には大回りしてでも国道を走るべきだったと後悔しても手遅れ。道が単調でないので、いちいち地図を確認するために遅れるし、坂道では上りは必然的にスピードが落ちるし、下りは足に負担がかなりかかる。

20kmくらいの骨折りショートカットを終えたら残り10km。ちょっとコンビニで休んで、キネシオをさらに大腿四頭筋に補強して、最後の10kmを走り終えたのは23時ちょうど。仙台市に入った時のうれしさといったらなかった。

6日目（仙台市泉→作並駅）

本州縦断マラソン第1ラウンド最終日。この日も見事に寝坊し、起きたら8時半に。食事を大量にとってテーピングをして出たのは10時。毎日長い時間テーピングをしているせいで、膝や腰がかぶれてきて大変なことになっている。そりゃ、毎日15時間以上粘着テープがひっついていたら、皮膚も反乱を起こすなあと思う。

大峯千日回峰行を満行させた塩沼亮潤阿闍梨のいる慈眼寺にお参りしようと思っていたが、阿闍梨は本日外出でいらっしゃらないとのこと。通り道にある慈眼寺に寄ることはせず、直接に山形との県境まで向かうことに決める。

ちなみに、塩沼さんには後でお会いする機会に恵まれて、僕が考えている走ることと精神を保つことについて、値千金のお話をしてくれた。

今日の距離は30㎞弱。走るに気持ちいい仙台市内を5㎞も西に走ると、ひたすらにアップダウンの続く道を15㎞走って、小さな山を三つ越えて国道48号線、作並街道へ。この街道が、仙台と天童を結ぶ道。夜道を走るにはかなり危険そうだ。ここ数日の雨のせいか、土砂崩れもところどころで起こっている。

天童市の30㎞手前にある作並駅まで走ったらもう15時を過ぎる。ここから先はもう天童まで行かない限り引き返せないようなので、ここを第1ラウンドの最終地点とした。作並駅のトイレで暖かい服に着替えて、電車に乗ったら本当にホッとした気分になった。その電車で仙台に戻り、そこから新幹線で東京へ。体中が炎症で熱っぽいが、少し経ったら治ってくれるだろう。

日本の多様性について

青森・岩手・宮城と走ってみて感じたのは、日本は単一民族国家などでは全くなくて、どちらかというと連合国家に近いということ。アイヌや琉球は当然のことだけど、それ以外の土地についても、土地ごとの違いは相当に大きいということを痛感させられる日々だった。

例えば、青森と岩手の県境にあるスーパー銭湯に入った時のことだ。サウナで足のストレッチをしていたら、おじさん2人が入ってきて、世間話らしいことをしている。「らしい」と書いたのはこの人たちが何語で話しているのかが分からなかったからだ。「中国からやってきたのかな、でも、中国語っぽい響きじゃないからモンゴルとかなのかな」と思っていた。

この人々が地元の人であると分かったのは、そのサウナに他の人が入ってきてから。おじさん2人は、新しく入ってきた人にも会釈をして、会話をしていた。その新しい人の発音は多少聞き取れたので、はじめてこの人たちが話しているのが日本語だと分かるようになった。かなり耳を凝らして聞いていると、ようやく5%くらいが分かるようになってきたが、単語レベルで何かが理解できるだけで何を話しているのかはいっこうに分からないままだった。

公用語なるものが書き言葉のみならず口語として存在するようになったの

は明治維新後のこと。それ以前までは、高級言語である書き言葉を使いこなす一部の知識人層を除けば、お互いの言葉は通じなかったのではないだろうか。言葉は人間の思考様式をある程度までは規定するのだから、その言葉が違えば風習も考え方も文化も違うわけで、「日本は国民の同質性の高い国家」ということもフィクションなのではないかと思えてくる。

おそらく、殆どの人が理解している日本の同質性の高さというのは、東京を中心とした都市部にやってきた人々が作ってきた「文化」（おそらく明治維新後に東京にやってきて幅を利かせた長州・薩摩の人たちの文化、元々東京に住んでいた人たちの文化、さらに西洋文化の混合）を、他の地方に住む人々に無理矢理に押し付けた結果ではないだろうか。本来この国は、もっと多様性に富んだ人々の集まりであって、その多様性は、メディアにもどこにも出てこないけれど脈々と受け継がれている。そんなことを考えさせられた。

山越えから始まる第2ラウンド、冬の日本海側の厳しさを知る

さて、走りの続きを書こう。

7日目（作並駅→上山市）

東京での大切な用事を終えて仙台に戻り、仙台市の西にある作並駅を出発したのは午前9時も過ぎた頃。ここから、第2ラウンドが始まる。目的地は富山県。宮城県、山形県、新潟県をまたいだ先だ。

最初の30㎞はずっと作並街道（山形県からは関山街道という名前になる）を進む。こんなところを歩く人もいないので、歩道は無いし、トラックがビュンビュン走っているのでストレスがかかる。つくづく、この道を夜に通ってなくて良かったと思う。

山形県と宮城県の県境までで登りはおしまいで、あとはずっと下り。最初の1㎞は、歩道が全く無い1㎞のトンネル。歩行者を想定していないからか、空気がとってもこもる作りになっていて、排気ガスで気持ちが悪くなる。見ての通り歩道が無いので、危険なのは言うまでもない。

これまで、こういった歩道の無いトンネルを国道で見かけたことが無かった。なので、このあたりは随分と道路整備がきちんとできていない場所なのかと思っていたのだが、こういったトンネルは地方では全く珍しくないこと

宮城・山形県境のトンネル

をこの先の道で思い知ることになる。

トンネルを抜けてさらに3㎞くらい走ったら、やっと自動販売機とラーメン屋が見つかったのでそこで休憩。下りで、また膝が痛くなってきた。まだ走りのフォームが完全でない証拠。歩きと走りを交互にしながら走る。明日はもっと身体とちゃんと話しながら走ろう。

天童市に入ったのは14時頃。マンガの「3月のライオン」で読んで以来ずっと来たいと思っていた将棋の町。町の中心部は将棋駒を模したものだらけで、郵便ポストにまで将棋駒がついている。天童市の郵便局に入っても、残念ながら天童切手は見つからず。代わりに「おしん」の山形特別版切手を買う。郵便局のおじさんに「下関まで行くんです」といったら、タオルをくれた。

天童市を走り抜け、山形市に入る。少しずつ膝が自己主張を始めてきたので、近くにある接骨院で休憩兼膝と腿まわりのストレッチをしてもらう。今日は常にぱらぱらと雨が降っていたのだけれど、ストレッチを終えて出るころにはかなりの本降りになっていた。雨具をつけて残り18㎞先のかみのやま温泉に向けて出発。出発したのは17時半でもう暗い。

交通量は多く、歩道はない国道。山奥はだいたいこんな感じ

天童市駅前の郵便ポスト

山形を抜けて、上山市に入るあたりで、Googleの指示通りに走っていると、よくわからない道に入り込んでしまった。暗いとどの方向が正しいかという方向感覚があまり利かないので、Google Mapナビの指示通りに人が全くいないちょっとした山道を走り、目的地についたのは20時も過ぎた頃。

ホテルはいつも直前にネットで探して、検索結果上位で値段が予算内ならあまり考えずに取るようにしているのだけれど、今日の旅館はかなり当たり。大正時代からある、とってもいい雰囲気の旅館だった。

8日目（上山市→関川村高瀬温泉）

当初の目的地だった小国町のホテルが、ビジネス目的のお客さんがいっぱいで予約できず、そこから10㎞以上離れたところにある高瀬温泉が目的地になった。寄り道も含めると90㎞以上走ることになった、長い長い一日。

上山市の旅館を出たのは7時40分。温泉につかったお陰か、膝は結構きちんと回復している。痛くはあるけど、一日中頑張れそうだ。

国道沿いにある果樹直売所でトイレを借りたら、おじさんが入ってきて怒鳴られた。「こら、スリッパ使え」と。急いでいて、スリッパが目に入らなかった。おじさんは「お前のためにつくったトイレじゃないんだっぺ。子どもじゃあるまいし、そんなこと分かんないんだか」と猛然と怒る。スリッパを履かなかった自分が悪いので、平謝りに平謝りするも、怒り方が尋常でなかったところをみると、僕と同じような常識知らずの人間がたくさんいるということなのか。

ずっと走って40kmくらいのところで飯豊町へ。5kmくらい遠回りだけど、当時ここにあった親戚の伯母さんの家を訪ねる。住所も分からず、飯豊町にあるということしか知らなかったのだけど、伯母さんのやっていたお店の名前は覚えていたので、それを頼りに町の人に聞いて回る。どうやら国道から3kmくらい離れた場所にあるらしい。町の中心地にある郵便局に行ったら、10年以上前に無くなった家のことを覚えていて、道を教えてくれた。郵便局から1kmくらい。Googleでは見つからないけど大切な情報はまだまだある。

うちは裕福ではなかったので、普通だったら習い事やお金が必要な遊びができるわけはなかった。だけど、この親戚の伯母さんの金銭的なサポートのお陰で僕は囲碁の道場に通うことができたし、休みの時期には飯豊町にやってきて、夏は虫取り、冬はスキーとたっぷり遊ばせてもらえた。子どもの頃

上山市のマンホール

の、今となって思うとお金がかかっていた遊びや学びはほとんどこの伯母さんのお陰で経験できたもので、僕はいまもこの伯母さんの養子になるという約束になっている。伯母さんはもう74歳で、この本州縦断マラソンのラウンド2の前日に誕生日祝いの焼肉を食べた。74を過ぎた今も矍鑠《かくしゃく》としている。

寄り道をして国道の小国街道に戻った時点で走行距離は48km強。ここから目的地まで46kmで、時間はもう15時。随分と遠いなあ、と多少気が重くなる。でも、頑張ろう。

小国街道は山形県と新潟県を結ぶ古くからある国道で、二つの県を隔てる山の間を縫って進む。日が完全に暮れた18時頃から猛烈な雨が降る。山の天気は変わりやすい。バックパックの上からレインウェアを重ね着して、下もレインウェアを着るものの、靴はぐちゃぐちゃになる。山しかないので真っ暗で、かつ歩道もないのに、車はたくさん通る。危ないし、車の水はねがドバッと降りかかってもくる。

調子のいい時に平常心とか言うのは誰でもできて、こういう状況でも心が折れないようにすることこそ訓練だから、音楽を聴きながら黙々と進む。1時間くらいそのまま走って小国に着いた頃には雨は小降りになってきた。途

伯母さんのお店の裏にある田んぼ。この風景だけはほとんど変わっていなかった

中のセブン‐イレブンでご飯を食べて（この25㎞くらい、お店が何もなかった）、シューズに手ぬぐいを入れて水気をとり、靴下を替える。先にも書いたけど、靴下が濡れたままだと、足がふやけて、どんなに普段たくさん走っている人でも、ものすごいマメができてしまうからだ。

小国を19時過ぎに出て、山をいくつも抜けて、高瀬温泉に着いたのは22時過ぎ。宿まで行く前にコンビニを探そうと2㎞くらい遠回りしたが、全く何もなく、宿に着いたのは23時前。

旅館の女将さんが、「ごはん食べた？　食べてないよね。じゃあ、おにぎりを作るから待ってて」といって、おにぎりとまかないご飯のあら汁スープをくれた。お腹ペコペコだったので、本当に助かった。

旅館の部屋のなかでストレッチをしながら、Living in Peace の電話会議をして、お風呂に入って、荒れている皮膚に薬を塗って、バンテリンを塗って、ストレッチして、洗濯をしたらあっという間に1時。気づいたら眠っていた。

真夜中に着いた旅館で女将さんが出してくれたまかないご飯。干天の慈雨とはまさにこのこと

9日目（関川村高瀬温泉→新潟市）

ゆっくりと休んで、旅館の美味しい朝食をお腹いっぱい食べて、高瀬温泉を出発したのは9時40分頃。朝になって気づいたのだけど、高瀬温泉がある関川村は小さいながらとても美しい村だった。村の中心部には昔からある武家屋敷風の建物が並んでいる。

そこからずっと走り、村上市へ。ここまで来るとお店もたくさんある。コンビニで買った鶏カツ丼を歩き食いしながら進む。なんと行儀の悪いことかと思うけれど、とにかく前に進み続けたい。

胎内市に入ったあたりから、新潟までの最短距離を走る幹線道路がなかなかなく、Google Mapが命じるままのショートカットを進むと、田んぼの間の砂利道をたくさん歩かされてかなり難儀した。大きめの石がごろごろあったので、足も大分痛くなった。でも、国道ばかりを走っていたら見えない風景の多くが、こういった脇道にあるのも事実。旅の楽しみのひとつは裏道にある。

さらに、新潟市内に向かう道でも、Google Mapは「国道7号線のバイパスに合流」と書いてあるものの、このバイパスには歩道がなく、新潟中心地まで行く際の大きな橋を渡る時には、橋を探して２㎞くらい遠回りせざるをえなかった。

靴を見ると、ソールがすり減り過ぎていて、硬い部分がなくなっている。砂利道のこともありいよいよ足裏が痛いので、新潟市内のスポーツ用品店を探して靴を履き替える。一番欲しかったゲルカヤノがないので、アシックスのGT-2000 New York 2のワイド版を購入。色が赤でかっこいい。普段はレギュラーの足幅の靴を買うのだけど、走っている期間は足が常に腫れているので、ワイドのほうがちょうどいい。すり減った靴は自宅に送り返した。

新潟市の外れにあるホテルまで着いたのは22時半。大分疲れた。喉が痛い。

Google Map の示す道をひたすらに進むとこんなこともある

10日目（新潟市→長岡駅）
朝起きたのは9時過ぎ。７時間半眠ってしまった。
起きてすぐに身体の異変に気づく。喉が異常に痛いし、熱がある。真黄色の痰もでる。どうやら風邪をひいたらしい。
とはいえ進まないことにはどうしようもないので、クラクラしながらも出発の支度をして10時20分に出発。元気をつけようと、ホテルを出てすぐそこの吉野家に入り、ねぎ玉牛丼特盛り＋キムチ＋味噌汁を食べて10時40分に出発。どんな時でも食欲があるのがありがたい。

最初の20㎞くらい、燕三条駅の近くにつくまでは基本的にずっと新幹線の下を走る。本当に快適な道だった。道路はきちんと舗装されているし、車通りもとても少ない。喉の痛さの一因は排気ガスだと思うので、国道8号を走らなかったのは正解だった。

走っているうちに気分が良くなってきて熱もなぜか下がる。不思議なものだ。膝の痛みもさほど強くはない。というわけで、いつになく良い調子で走り続け、ＬＩＰのミーティングにもSkypeで気持よく参加していた。

しかし好調もつかの間。日没後に、長岡に向けた道を走りながら陸橋を越えようとしているタイミングで、アキレス腱にずんと鈍い痛みが。右が特に痛いが、左も痛い。痛みは一時的に治まったものの、１㎞走る毎に痛みは強まり、最後には歩くだけでも激痛に。でも歩くと身体が冷えてもっと痛みも厳しくなるので、走り続ける。誰もいない道で、思わず「いーたーいー」と叫んでしまうくらい痛い。塩沼亮潤さんが千日回峰行の時の体調について「調子は悪いか最悪」と言っていたことの意味がなんとなく分かってきた。

新幹線の下をひた走る

脳は一番痛い場所しか認識しない。このアキレス腱の痛みのために、他の箇所にあったはずの痛みが全て吹き飛んだ。右足のアキレス腱を動かさないように不自然な歩き方をしながら、やっとの思いで長岡駅の周辺までやってきて、まずは薬局に入りテーピングを購入。ガチガチに固めてみるものの、やっぱり痛い。

どうしようかと途方に暮れる。ちょうど長岡は新幹線の駅だし、一度東京に戻って鍼を打ってもらおうか。１日分の遅れくらいなら、後から取り戻せるだろう。

これだけ痛いと、どうしても弱気になりがちで、いろんな止める理由が思いつくのだけど、こういう場面に直面することこそ、自分と向き合う機会なので、とりあえず行けるところまで行くことに決め、長岡駅のルートインホテルでゆっくりと休むことにした。

弱音を心の底で吐きながら、長岡駅前の居酒屋に入って、まずは食事。食べないと良くならないので、居酒屋サイズのサラダ＋刺身盛り合わせ＋唐揚げ＋大盛りご飯２杯をビールと一緒に食べる。午前０時半にこの日の記録を書いている今も胃が唐揚げで埋まっているくらい、食べた。

この日の終着点。長岡市の市庁舎。設計は隈研吾氏

そこからフラフラと歩いて、長岡市の市庁舎の隣にあるホテルに泊まる。ホテルの人が氷を持ってきてくれた。これでアキレス腱をアイシング。それと、アキレス腱の痛みはふくらはぎの筋肉の不機能にもあると思うので、ふくらはぎもしっかりストレッチ。

明日には良くなっていますように。

11日目（長岡駅→上越市）

これまでで一番きつかった一日。

ゆっくり休みをとって長岡のホテルを出たのは9時半も過ぎた頃。そこから、是非に行っておきたかった河井継之助記念館に行き、そこから50ｍくらいのところにある山本五十六記念館にも向かう。山本五十六が長岡出身とは知らなかった。この街は人材輩出都市なのだろうか。米百俵の精神が生きているのかもしれない。

2人の生き方はとても似ている。平和を望んだ河井継之助は、長岡藩をスイスのような中立藩にするために、命がけで薩長軍との直談判を行った。それが決裂したのが1867年5月2日で、その後攻め入る「官軍」を前に戦

河井継之助記念館の中で

死したのが同じ年の10月1日（僕の誕生日だ）。

山本五十六も三国同盟に反対し続けたが、結局１９４０年の９月27日には日本・ドイツ・イタリアの同盟を迎えることになる。アメリカの力を正確に把握していた彼は戦争に反対し続けたが、太平洋戦争に突入した後に、ブーゲンビル島上空で死んだのが43年４月18日。

２人とも、合理精神を抱き平和を望みながら、いざそれが無理と分かればきちんと自分の命を投げ出した。清冽な感動を与える生き様。僕は彼らのように死を覚悟して生き続けることができるのだろうか。

色々と考え事もしているうちに、11時に近くなり、出発する。走る途中にある、柏崎刈羽原発にちょっと寄り道。福島みたいに原発の建物が見えるかと思ったら、森に囲まれていて何も見えなかった。周りには僅かながら原発反対の看板などがあった。反原発のポスターで塗り固められたトラックがアイドリングをしながら反原発のスピーチを流していた。

柏崎市の外れにあるコンビニで食事休憩をして出発する頃にはもう日が暮れていた。ここからは、海岸沿いの国道８号線を36㎞走り続けることになる。海岸沿いとはいえ、結構高い場所を走る。明るかったら絶景だったのだろう

柏崎刈羽原発付近。放射線量を示す看板

と思える場所もちらほらあり、少し残念だった。

ここからが難所だった。まず閉口させられたのは豪雨。時間が経つごとに厳しくなり、最後にはちょっと弱めのシャワーと同じくらいの激しさになる。トラックが横を走ると、プールで水をかけられたのと同じくらい水が飛ぶ。途中にあったコンビニでテーピングの貼り替えと靴下の履き替えを行うも、すぐに足元はぐちゃぐちゃになり、足の水ぶくれは形容しがたいサイズになる。

そして、やはり最後にやってきたのがアキレス腱の痛み。今朝は痛みも大分引いていて、行けるかもしれないと思わせてくれたが、やはりダメだった。坂道を歩こうとしたタイミングで、これまで経験したことがなかったレベルの「ずん」という痛みが右足のアキレス腱に走る。だましだまし歩いてみるものの、2㎞と経たないうちにもう歩くのも痛くなる。この本州縦断マラソンの後半は、いつも夜遅くになるとアキレス腱に激痛が走るというパターンを繰り返すことになる。

雨がひどいので、テーピングをしようにも雨宿りする場所まで辿り着かないといけない。やっとの思いで辿り着いた地下道への入り口で腰を降ろし、

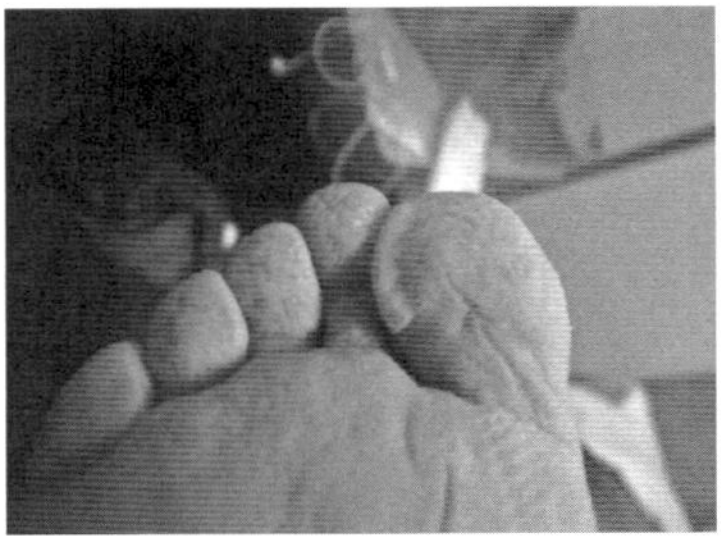
雨が降るといくら走り慣れていても足の皮がふやけ、マメができる

普段つけているキネシオテープの上に、テーピングをして足首をガッチガチに固める。休んでいるうちに身体が冷えて足が動かなくなっていくので、とにかく急ぐ。テーピングを巻きすぎたので、靴に足が入らなくて困った。

一向にやまない豪雨のなか、３㎞先にあるホテルに向かってふらふらと進み、23時15分にようやくホテル到着。アキレス腱の痛みは尋常でないレベル。

足を引きずりながらホテルのお風呂場に行く。湯船の中で身体をマッサージしながら、となりにいたトラックの運転手さんと話し、富山までの行き方と富山の観光名所を教えてもらった。なんでも富山と石川は犬猿の仲で、彼の勤め先の社長は、「あいつは石川県出身だから信用ならん」といった理由で人を採用しないこともあるらしい。同様に石川県と対抗関係にある福井県と富山県の仲はいいらしい。いつもそうなんだけど、自分とは全く関係のない出来事でこういう敵対心を持てるのが不思議に思う。

とにかく、アキレス腱の痛みが尋常でない。断裂するまで走るべきではないので（結果として予定が遅れる）、どうするか悩ましい。

12日目（上越市→糸魚川市）

夜に、アキレス腱の痛みと筋肉の炎症からくる熱で何回も目が覚める。うとうとしながら起きたのは朝8時。一晩中氷につけていたけどアキレス腱の痛みはほとんど治まってくれていない。

とにかく回復のために、と、いつもどおり朝ごはんはこれでもかというくらい食べる。今日はサラダと肉豆腐と納豆二つと小さなパン六つとご飯大盛り1杯、卵二つ、オレンジジュース2杯、カフェオレ2杯、あ、それと春巻き3本。僕にたった一つだけウルトラマラソンのランナーとしての身体的な資質があるとすれば、どんな時でも胃腸の消化能力がほぼ衰えないことだ。食べることができれば、身体は食べ物を消化してボロボロの全身を少しずつ修復してくれる。

アキレス腱は相変わらず厳しい状態なので、ネットで調べてアキレス腱固定のテーピングをする。キネシオテープと普通のテーピングの合わせ技で、テーピングをするのに20分はかかるが、それでもこのテーピングのお陰で足がだいぶ楽になる。

昨日の大雨で濡れた服やバックパックも全部乾いた。不思議なもので、ホテル備えつけのパジャマを着た状態で朝に目が覚めた時には、体中が炎症で熱っぽくてものすごくだるいので「今日という今日こそはもう無理かも」と思うのだけど、ニュースを流しながらテーピングをしてランニングウェアを着て、荷物を背負って、最後に靴紐を締めると、なんだかんだ前に進もうという気持ちになる。ユニフォームや儀式というものは、独力で前に進むのが難しい時に、大きな役割を果たしてくれる。

それにしても、この日の前半は厳しかった。天気予報では雨はパラパラと降るだけということだったのだけど、午前中はまた豪雨。そのあたりの排水溝から水が滝のように流れている。海も大荒れだけど、今日みたいな日だからか、サーファーたちは楽しそうにサーフィンをしている。でも、荷物を持っている身としては中身が気が気でない。昨日の雨で、便箋やら何やらが全て水で変形してしまった。何重かの防御を施している MacBook Air はかろうじて無事。シューズが水浸しになると足がふやけて十中八九特大の豆ができる。

正直なところ、冬の日本海側をなめていた。こんなに寒くて天気が悪いとは。11月の冷たい雨がレインウェアを通り越して体に染み込み、痛い足を抱え、常に38度くらいになっている熱を持ちながら、重い荷物を背負って、一人孤独に走るのは結構きつい。でも、こういう状況だからこそ人は何かを学びとることができるのも事実だから、こっちを選んで良かったのかもしれない。

唯一僥倖だったのは、今日のルートには、32kmからなる自転車・歩行者専用道路があったこと。いつも歩道がない場所が必ずといっていいほどあって、そういう道を進むたびに轢かれるのではないかという心配が疲労を増大させる。特に夜は、車もスピードを出しているので本当に恐い。今日はそういう心配をしないで済んだし、途中にいくつかあった歩行者専用トンネル（車と一緒に通るトンネルはうるさいし危ないので相当なストレス）で何回か状態を立て直すことができた。

激しい雨があがったのは13時も過ぎた頃。20km走ったところで、名立《なだち》の「道の駅」に立ち寄る。今日は、アキレス腱は痛いし、雨があまりにひどくて雨宿りせずにはいられない時間帯もあったので、時速5km弱という非常にのろのろのスピード。

昨日お風呂で一緒になったおじさんが「この国道の道の駅には地元の旨い

大雨の中、自転車道路を進む

ものがたくさんある」と言っていたので道の駅のレストランに行ってみたら、確かに美味しそうな魚がいっぱいいる。

痛みと雨でかなりこたえていたので、景気づけに２６００円の特盛り海鮮丼を注文。ご飯の上に、これでもかというくらい具が乗っている。うに、いくら、とろ、えび、サケ、タイ、ハマチ、etc。どんぶり一杯のご飯では少なすぎたので、別途どんぶりご飯を頼んだくらい。

これでだいぶ元気が出た。身体は正直で、しんどい時に美味しいものを食べると本当に元気になる。

第2ラウンド最終地点の黒部までの距離は上越から90kmなので、中間地点の糸魚川市が今日の目標地点。残り半分は、予想以上に楽に進むことができた。食べ物が効いた気がするし、本当に気をつけて走ったので、アキレス腱の状態は昨日に比べてさらに悪くなってはいない。

明日黒部までの46kmで第2ラウンドはおしまいになる。明後日の早朝から東京で用事があるので、黒部には16時到着目標。

名立の道の駅で食べた特盛り海鮮丼

13日目（糸魚川市→黒部駅）

この走りを始めてからいつもそうだけど、朝が一番最悪の時間だ。目が覚めても身体が全力でストライキを起こし、不平を申し立てる。いよいよ終わらせようかという考えが頭をよぎる。

昨日は氷袋を足に巻きつけて眠ったものの、アキレス腱の周りは相変わらず腫れていて熱を持っている。膝の痛みは、アキレス腱の痛みが強すぎて気にならなくなった。足を引きずりながら食堂に行って朝ごはんを食べる。

朝一番で地元の病院の整形外科に行こうかとも思ったけど、お医者さんに行ったら黒部から東京行きの終電に間に合わなくなりそうだったし、どうせ言われることは「走るのを控えるように」だけだろう。僕が知りたいのは、どのラインを越えて走ったら本当に僕が壊れてしまうのかであって、それは普通にお医者さんが線引きするよりもずっと後ろにある。多分スポーツをしてギリギリを経験した人でないとそれは分からない。いつも通りのがちがちテーピングをして出発。

歩くと自然に足を引きずってしまう状態で、早歩きより遅いジョギングで走り続ける。休みをほとんどとらなくても、平均時速は5・5㎞くらいにしかならない。かなり遅いけれど、アキレス腱のために足を引きずるようになってから、もうかれこれ１２０㎞走ってくれている自分の足には感謝する他にない。

これだけ足がきついと、自然にランニングのフォームがヒョコヒョコ走りになる。アースマラソンを走った間寛平さんがこういうフォームになったのも、本当によく分かる。このヒョコヒョコ走りが、足と筋肉への負担が一番少ない。

今日のランニングでは、開始から15㎞くらいの地点に親不知《おやしらず》という場所がある。当初はここを昨日の目的地にしていたのだけど、前日に足があまりにも痛かったので諦めていた。ただ、実際にここにやってくると、夜にここに来ないで良かったと心から思った。山と崖と海だけの道が10㎞くらい続く。道も狭いのに交通量は多い。急カーブが多いので、カーブの出会い頭で轢かれないよう、眼と耳にものすごく神経をつかった。

調べてみると、この親不知はもともと「天下の険」とよばれ、道の険しさ故に皆自分の身を守るのに精一杯で、親は子を忘れ、子は親を忘れてしまったことから「親不知子不知」といわれたのが地名の由来だという。

親不知の真ん中にある公園

こんな感じの歩道なき道が10㎞続く。横は絶壁。出会い頭で轢かれないために神経を最大限集中させる

親不知を抜けたらようやく新潟県最西端の町、市振《いちぶり》へ。少し走ると、ついに富山県に突入。とにかく新潟県は長かった。山形県から入ってここに来るまで、250㎞くらいずっと新潟県だった。

富山に入ってからは平地がちの道をヒョコヒョコと進む。見事な夕日を見て、暗くなる頃には、終着駅の黒部駅に到着。

元々は黒部駅16時10分発の特急に乗ろうと思っていたのだけど、足と相談して18時に時間変更。以前リタイアしてしまった川の道フットレースの最大の反省は、休みを取り過ぎ時間管理をきちんとしていなかったが故に、自分の足ときちんと対話をせずに無理をしてしまったこと。ずっと走り続けるためには、身体ときちんと会話をしながら、再起不能にならないギリギリのところを進む必要がある。

これで、本州縦断マラソンの第2ラウンド終了。ようやく半分弱。

不吉な連想をせざるを得ない地名が多いのもこのエリアの特徴。地名表示には「浄土」とある

お医者さんとのやりとり

東京での用事を終えてランニングを再開する前日に都内の整形外科に行っ

てみた。なんと、二つ行ったら二つとも休診で、痛い足を抱えながら時速2・5㎞で病院を探してさまよい、やっとの思いで病院を見つけた（タクシーに乗ればよかったが、退職をして無職の状態にあるのにそんなことをする気分にはなれなかった）。

この日担当してくれたお医者さんは、僕と同じくらいの年なのにやけに上から目線で、僕の前に診察を受けていたおじいさん・おばあさんたちを相手にタメ口で話していた。高齢者相手に権威を保つためにあえてそうしているのかもしれない。

ただ、いつも思うのだけど、士業の人が「先生」と呼ばれ続けることは、その人の精神にとってあまり良くないのではなかろうか。だいたい、大抵の資格試験は根気よくやれば受かるものだし。でも、先生と呼ばれないと気を悪くする人もいるので、こっちから◯◯士に向かって「先生」と呼ばないのも難しかったりする。

さて、この若いお医者さんとのお話。

「今日はどうしたの？」

「本州を上から下まで走ってて、今は富山まで走ったんですが、アキレス腱が痛いんです」

「はあ？　じゃあ、とりあえずレントゲンを撮ろうか」

そして、レントゲンを撮ってきてまた戻ってくる。

「これはアキレス腱炎だね。原因は走りすぎで、アキレス腱がところどころ切れて炎症を起こしている」

その診断なら僕でもできる気がする。

「走るとしても一日30㎞くらいにするべきだよ」

「もう少し走らないといけないので、何がどうなったら最悪の事態に陥るか教えて頂けないでしょうか」

「どうせ続けるのね。アキレス腱そのものが痛いうちはまだいいけど、最悪の場合はカカトの骨がアキレス腱と一緒に剝がれてしまうこと。そうなったら元に戻すのは大変だから、カカトが痛くなったら止めることだね」

お医者さんに行っても走るのを止めろとしか言われないと思ったので、本当にまずい時のサインを教えてもらえて助かった。残り半分、やってみよう。

北陸三県をまたぐ第3ラウンド

14日目（黒部駅→射水市）

診察を受けた次の日の朝に東京の自宅を出て、黒部駅まで向かう。なかなか電車の接続が悪く、駅に到着したのは13時過ぎだった。

そこから走りはじめる。テーピングもなれてきたもので、今日は特に問題なく淡々と7時間走る。42km強走ったところで、目的地の射水市に到着。この時期の北陸はとにかく空が低い。雲がどんよりと垂れ込めていて、寒いし気分も暗くなる。

今日の最大のトピックは、夜に冗談抜きで車に轢かれそうになったこと。横断歩道の青信号を渡ろうとしたら、左折車が一時停止も何もせずに猛スピードでカーブしてきて、文字通り鼻先をかすめていった。運転手は、一瞬スピードを緩めたのち、僕の無事を確認すると走り去っていった。

思うに危険というのは注意している時（例えば歩道のない道など）は意外と小さくて、安全だろうと思っている時にこそ大きいのだろう。できるだけ夜道を走るのは避けよう。

今日の宿泊場所はホテルイナホという、健康ランドが隣についているホテル。温泉にゆっくり浸かって体調を整える。

15日目（射水市↓小松市粟津温泉）

とにかく長かった一日。

朝6時前に起床して、カロリーメイトを食べながらテーピングを済ませ、6時40分に出発。天気予報によると今日はこの時期の北陸としては珍しく晴れ、明日の天気は大荒れらしいので、今日のうちに可能な限り遠くまで走ることに決める。

最初はずっと平地で、高岡市、小矢部市と走る。不思議なもので、歴史のある町というのは、その町に足を踏み入れただけでなんとなく分かる。人間がそこに長く住んでいたしるしを、僕たちはなぜ感じることができるのだろう。１００年もあれば古めかしい町並みは作ることができるはずだけど、歴史のある町にはそれだけではない何かがある。

小矢部市から石川県との県境までは上り坂。登りを走るとすねの筋肉に負担がかかり、結果としてアキレス腱がひどく痛むので、ここは全歩き。20分と歩くうちに、源平合戦のあった倶利伽羅峠へ。そして、ここからは、上越市のホテルで会ったトラックの運転手さんが、「とにかく事故がよく起きるし、トンネルを通ろうとする自転車が轢かれること多数。注意して進むように」と教えてくれた倶利伽羅トンネル。事故がよく起きるのは、合戦で亡くなった人々の亡霊のためなのだろうか。歩行者用の道もなく、交通量も多いので、とにかく足早に通り過ぎる。

ヒヤヒヤしながら倶利伽羅トンネルを抜けたらもう石川県。一休みしてストレッチをして、走りはじめる。昼過ぎからはＬＩＰのミーティングにSkypeで参加。一つのプロジェクトのミーティングが2時間なので、併せて4時間はSkypeをしながら走ることに。

金沢駅を通り過ぎたあたりで暗くなる。そこからはライトをつけて走りはじめるが、ここでやっぱりアキレス腱の痛みがやってきた。声にはできないようなズキューンとした痛みが右足を貫く。アキレス腱だけでなく、アキレス腱とふくらはぎの筋肉の繋ぎ目辺りもものすごい痛みに。東京でかかったお医者さんの言ったところによると、これはまだ大丈夫なところのはずだが、歩いても痛い。

高岡市の町中

倶利伽羅トンネル。富山県あたりからの道中では、こういう狭い歩道なしトンネルばかりだった

辺りは真っ暗で、能美市の小さな山を登ったあたり。もう11時間走り続けているから、テーピングも緩み始めたのかもしれないと思い、右足のテーピングを貼り替える。こうしているうちにも身体が冷えていき、冷えた分身体が固まり動いた時の痛みも強くなる一方で、テーピングを間違えると痛みがひどくなるので、精神を集中させて、可能な限り早く正確に。

よりによって、この真っ暗闇でテーピングを貼り替えているタイミングで携帯電話のＳＩＭカードがエラーになり、自分がどこにいるのかもよく分からなくなった。僕の持っていたａｕのiPhone5は僕の使ってきたiPhone史上最もトラブルが多い。渋谷駅内でも圏外になるほどだ。

テーピングを貼り替えたら、また足は動くようにはなった。目的地の粟津温泉まで残り20㎞。携帯の電波がつながらないので、記憶にある道を信じて走り続ける。

最後の20㎞では、小さな山を20くらい登り降り。これはなかなか厳しかった。何もない山道なので、車は高速道路並みのスピードで走り抜けていく。途中でいきなり歩道も無くなったりする道路を、黙々と進む。

22時から入っていた電話会議に歩きながら参加して、目的地の粟津温泉に

金沢駅周辺はこの地域では圧倒的な都会だった。地元の人にとっての都会が金沢というのがよく分かる

着いたのは23時頃。GPS機能を使ったスマホアプリ〝Runtastic〟の表示では走行距離は90㎞以上。16時間かかった。途中15㎞くらいずっとコンビニが無かったので、夜ご飯を買って、旅館に入る。テーピングをとったら、もう立つだけで痛い。旅館にいる間は少しでも足の負担を減らそうと、基本的に四つん這いで移動する。廊下を歩く時も、手すりを最大限活用する。

こんな姿を見ていた旅館の女将さんに「そんなんで本当に明日走れるのかね」と心配されてしまった（ところで、石川県に入ったあたりから、方言が少し関西弁ぽくなった）。川の道フットレースの反省の一つでもあるけれど、人に心配されないように走らなければなと思う。

16日目（小松市粟津温泉→越前開発駅）

午後5時に電話して唯一開いていたこの旅館で、朝7時、部屋のドアを叩くおばさんの声で目が覚める。朝食を部屋に持ってこようとしていたみたいだ。昨日は洗濯物を干して右足に氷の入った袋をつけた時点で前後不覚になっていたことに気づく。氷水が一部漏れていたようで、布団が大変なことになっていた。おねしょをしたみたいに水模様が広がる。「いいですよ」と布団をたたむおばさんが言ってくれた。ありがとう。

朝ごはんを食べながらニュースを見るが、昨日のニュースで見たとおり今日は大荒れとの予報で気が滅入る。ご飯を4杯食べたせいか食後眠くなり二度寝してしまい、9時40分頃に出発。

この日も本当にきつかった。移動距離は40㎞程度だったが、とにかく雨がすごい。16時ごろまでずっと雨。特に昼前後は豪雨で、パタゴニアのレインウェアを二重で着ていても雨が身体に染み込み、レインウェアの中にあるバックパックの中にも水が侵食してくる。たぶん、このレインウェアは古くなりすぎているので、新しくひとつ買おう。道路はそこらへんが大きな水たまりになっているし、横を走り抜ける車の水しぶきもすごい。

そして、道はところどころ工事中のため迂回をする必要があり、デコボコで足首に負担がかかる。歩道がない道もたくさん。さらに、Google Map の言うとおりに進んでいったら、あぜ道すら存在しない草むらがあったりして、かなり遠回りしたり。

足はもう本当に動かなくて、走りはじめから時速が6㎞以上にならない。今日の平均時速は5㎞程度。健康な人の早歩きと同じスピード。

シャッタースピードの関係で雨が大したことないように写るのだけど、ものすごい豪雨

そして、最後の最後にやっぱりやってきたアキレス腱の痛み。残り10㎞なので、歩きに切り替えるが、５㎞も歩いたところで再び痛みがやってきた。今回の痛みはこれまでの激痛と比べても尋常でなく、歩くのもキツい。テーピングを貼り替えても効果なし。アキレス腱に負担がかからないように全神経を足に集中して、這うようにして進む。あまりの激痛に時速２・５㎞しかでない。

福井駅の２㎞手前の越前開発駅に着いたのは7時。次の日の仕事の用事に向けて東京まで終電で帰る。いつもそうなのだけど、東京までに戻る電車が、50㎞なり１００㎞を30分や1時間足らずで通り過ぎるのをみると、技術進歩のすごさを思う。地球の裏側まででさえ飛行機で半日あれば行ける時代に、僕はなんで走っているのだろうと思いそうにもなる。もちろん、長い距離を移動するために走っているわけではないのだけど。

これで、第3ラウンドも終了し、残りは約７００㎞。最短でも７１０㎞&山道&雨の日本海側を行くか、６８０㎞&平地&晴れがちの太平洋側を行くか。というか、そもそもこの足で７００㎞を走れるのか。７００㎞は、多分気合で走りきれる距離ではない。

Google Map によるとここをまっすぐ進むらしい

誓約と約束のちから

東京での用事を済ませながらも、いつもお世話になっている三鷹の鍼灸師のモリタさんのところに行ってきた。これまでに何度も僕を危機から救ってくれたこの腕利きの鍼灸師さんはいつも飄々としていて、膝の筋がかなりきつい炎症を起こしている時も、骨を折った時も、顔色一つ変えず淡々と鍼を打ってくれる。そのモリタさんも今回ばかりは「ちょっとこれは……、休んだりできないんですかねえ……」と言う始末。アキレス腱は引き続き強い炎症を持っているし、アキレス腱とくっついている筋肉が軽く肉離れを起こしていているらしい。

鍼だけでなく灸もしてもらった。2日間おとなしくしていたら大分良くなってきて、普通に歩くことはできるようになってきた（階段を歩こうとすると、なぜか筋がビキビキと音をたてる）。調子に乗らず、ゆっくりコツコツ走り続けようと思う。

起業前で慌ただしく、結局12月にも色々な予定が入り、残りを9・5日で走らないといけないことになってしまった。

冬晴れ・近道・平地の太平洋側を走るか、雨降り・遠回り・山がちの日本海側を走るか。冬の日本海側の気候がいかに厳しいものかは、この期間を通じて身に沁みて思い知った。そんな気候が続くのを覚悟して、当初予定通りに日本海側を走るかどうか。

予定よりも時間がなくなってしまったので、日本海側を進むとなれば、一日平均で70㎞弱を走らなければならない。こんなに後半がきつくなるのなら、前半にもっと長い距離を走っておくべきだった。いつも後悔は先には来ない。ところで、後悔という言葉において、「後」という漢字はなぜ必要なのだろう。先に悔いることなんてありえないのに。

随分と考えたけど、今回の旅の目的の一つは見たことのない日本を知ることなので、やはり初志貫徹、日本海側を走ることにした。後戻りできないように、この本州縦断マラソンの道中記作成のための資金を提供してくれた方向けに、出雲大社でお祈りすることを特典に加えた。これで逃げ場がない。

誓いを立てることや約束をすることは、人の弱さを見越した知恵だと思う。絶対的な精神力を誇る超人であれば、誓いなどを立てる必要はなく、ただ自分が信じた道を進むことができるのだろう。でも、僕は他の多くの人と同様に弱い人間だし、ふとしたタイミングで自分の弱さからくる意思決定を正当化しようとしてしまう。

そんな自分を知っているからこそ、人前で何かを宣言する。引っ込みがつかない状況に自分を追い込まないと駄目だと分かっているからだ。

雨降り対応のために、大きなサイズのレインウェアを買った。これでバッグは保護できると思う。よし、やってみよう。

3日で山間部260㎞を走る最大の難所

17日目（越前開発駅→越前市）

東京での用事を終えて、電車に飛び乗り、福井駅に着いたのが午後19時過ぎ。そこでそばとソースカツ丼を食べて、電車に乗り、前回やっとの思いで辿り着いた越前開発駅からスタート。スタート時間は19時半過ぎ。

1週間前と比べて一気に寒くなった。気温は23時には4度くらいに下がっていて、タイピングしているこの手もうまく動かないくらいだ。

22㎞を走り、武生（越前市）に23時に着いて（22時からＬＩＰの理事会にSkype参加していたので歩いた）、今はサイゼリアでご飯を食べながらこれを書いている。明日から、山がちの２６０㎞を３日で走りきらなければいけない。こんな過酷なランニングは、ふつう体調を万全に整えて臨むものだけど、残念ながら体調は全く良くない。でも、やってみよう。

18日目（越前市→小浜市）

長い長い３日間のはじまり。旅館を出たのは6時半で、まだ薄暗い。近所の吉野家で定食をがっつりと食べて出発したのは6時50分頃。

福井の朝の冷え込みはとにかく厳しかった。朝はパラパラと雨が降っていたのだけど、時々みぞれと雪の間くらいの氷の固まりが落ちてきたりもした。

この日は、越前市から小浜市の西側までを走る予定。敦賀を過ぎてからは山道続きの模様。山道は、暗い、歩道がない、車が猛スピードで走っているという、怖いことの三拍子なので、とにかく急ぐ。

まずは敦賀までコツコツと走り続ける。海岸まで行く山道で、早速左膝とアキレス腱が痛みだした。予想よりも随分早く痛みが戻ってきたので少し落胆するが、どうしようもないので、テーピングで足首を固定し、膝まわりには伸縮テープを貼る。

山を越えて海岸に出たらもう平坦な道かと思いきや、海岸線は崖になっていて坂道が続く。そして、予想通り歩道もなく、トンネルに至っては路側帯すらない。カーブも急なので、出会い頭で車にぶつからないように、耳を澄ませながら走る。この期間に、こういった危ない道の進み方がだいぶ上手になった。

連続する危険なトンネルに嫌気がさして、遠回りでもいいから車が通らない安全な道を走ることにした。土砂崩れがたくさんおきて、もう車が通行止めになって数年も経っている山道だ。道は舗装されているが、枯れ葉や落石、土砂でところどころ道が寸断されている。だけど、猛スピードで通り過ぎる車がいる道に比べたら、随分と気は楽だ。

ようやく海岸線に降りて、平坦になった道を敦賀まで進む。ここで一休みして、そば屋でかつ丼とそばを注文。待ち時間にテーピングを全部貼り替える。経験上、7時間くらいテーピングをすると、テーピングが伸びてしまっているからか、大きな痛みがズンと襲ってくる。だから、この3日間は、6

敦賀に入るための峠を越えたところからの景色。この日は海がとてもきれいだった

〜7時間おきにテーピングを貼り替えることに決めていた。両足首のガチガチテーピングと膝の伸縮テープの貼り替えは最速でも15分かかるけど、休憩も含めて意味のある時間投資だと思う。

　ところで、敦賀にはそこかしこに宇宙戦艦ヤマトの絵が。はて、戦艦大和をつくったのは敦賀だったのか、と思って調べてみるも、製造所は広島の呉海軍工廠だったようなので、さらに謎が残る。ネットによると、「敦賀港が古くから貿易や交通などで重要な役割を担ってきたことや、明治時代に欧亜国際連絡列車が東京から同港まで運行されていたことなどから、港の街と鉄道の街の連想で、鉄道と船が登場する銀河鉄道９９９と宇宙戦艦ヤマトの像を設置することになったんです」なのだとか。

　敦賀を出てからもずっとなだらかな坂道の連続。そして、歩道がないところがとても多い。17時に日が暮れてからは、歩道の無い狭い道を走り続ける。歩道がない道を走る時は、必ず右側を走る。万が一車が気づかなかった時に、自分で身を躱《かわ》せるようにするため。

　本当に何もない道をずっと進んで、小浜市内に入ったのは23時も過ぎた頃。オバマ大統領を応援する会で一時期名前がよく出ていた小浜市だけど、行っ

バス停の絵

てみるととても気品がある小奇麗な町だった。目的地は小浜市の西にある海辺のホテル。小浜市からはもう平地だと思いきや、また海岸線沿いのアップダウンの連続。途中で歩道も消え、真夜中なので猛スピードですっ飛ばすトラックにビクビクしながら走り続ける。

目的地に着いたのは午前0時過ぎ。本当にありがたかったのは、ホテルの５００ｍ手前にコンビニがあったこと。何も無い海岸沿いの山道でコンビニが無いことを覚悟していた。ご飯を買い、足を冷やす氷袋を三つ買い込み、ホテルに入る。あくまで個人的な経験のみに基づいた感想でしかないけど、全国に大きく展開しているセブン‐イレブンとローソンを比べた時に、ここに店を置いたら儲かるだろうなと思う場所にコンビニを置いているのはセブン‐イレブンで、ここにあったらありがたいなと思う場所に置いてあるのはローソン、ということが多かった。立地は店舗当たり売上に大きな影響を与えるが、ローソンとセブン‐イレブンの差はこういうところにも起因しているのかもしれない。

ここからさば街道がはじまるというマークが商店街の中にあった

19日（小浜市→朝来市）

小浜の西側のホテルを出発したのは、朝7時を過ぎた頃。7㎞くらい進んだあと、道の駅で60分とどまる。昨晩電波が悪くてできなかった、ＬＩＰの年次総会的な意味合いもあるマイクロファイナンス・フォーラムの資料送付やら、メールの返信やらを行う（一日にだいたい１００通くらいメールが来ていて、そのうち10は返信が必要）。この第５ラウンド直後にあるフォーラムにおける僕のプレゼンを早く送れとメンバーから急かされていて、なんとかプレゼン資料をまとめて送る。

その作業を終えて道の駅を出たのは９時も過ぎた頃。ここから残り85㎞と思うと若干気が重くなる。時速６㎞で進むことができたとしても（山道ばかりなのでそんなに速く進める可能性は低い）、目的地である朝来市に着くのは23時。でも、足を踏み出さないことにはどこにも辿り着けないので、道の駅を後にする。

小浜を抜けると、大飯町に入り、その次に入るのは高浜町。大飯原発と高浜原発がある町。朝の通勤時間に走っている車の多くが、原発に向かう人々を乗せた電力会社のバスだった。どちらの町も道はとても綺麗に舗装されているし、公共施設はとても立派で、家も新築っぽい新しいものが立ち並ぶ。とても立派な国道沿いの野球場を見て、これを誰がどう使っているのだろうと不思議に思う。

ある人の言葉が印象に残っている。「原発が来る前には、この町には本当に何も無かった。でも、原発がやってきて補助金が出るようになり、電力会社の人が働きに来るようになり、町も栄えることができた。いまさら原発なしでどうやっていけるのか、見当もつかない」

峠を越えて、舞鶴入り。さすがに舞鶴市の中心はどこも歩道がしっかりとあるし、道幅も広く、安心して走ることができる。並んでいる家も、昔からあるような木造家屋が多い。

舞鶴のちょうど真ん中を走り抜けようとするところで、僕の姿を写メで撮る人がいた。よく見ると、お世話になっている方が。京都の宇治から舞鶴まで応援にきてくれたらしい。ここまで1000㎞以上走ってきて、僕を見にきてくれたのはこの人がはじめて。すでにここに来るまでに峠を二つ越えていてヘタリ気味だったのだけど、リアルな応援をしてくれる人がいるという事実はこんなにも人を鼓舞してくれるのかと驚く。

広いスポーツ施設。今日使っている人はいないようだった

舞鶴市の西側を流れる由良川を越えるころには日が暮れ始める。日が暮れた時点で、残り50㎞も残っている。どんなにいいペースで走っても、到着は24時半。でも、実際にはもっと遅くなるだろう。

こういう時にはいつも悪魔の囁きがやってくる。「これからずっと山道だし、50㎞走るなんて、今後に支障があったらどうなるんだ。それよりは、あと30㎞くらい走っておいて、また次のラウンドで多めに走ればいいじゃないか」といった、自分を説得する理由がもやもやと頭を回り続ける。

でも、一度やると決めたことを、本心にある弱音を正当化する形で途中で曲げてしまうのは、どんなに美言を弄しても、やっぱりダメなんだと思う。自分の決めたことを守らなかったというのは、他人を納得させることはできても、自分自身を心底から納得させることはできない。そして、そういった妥協の積み重ねが、決定的な場面での弱さにつながることになる。今回の旅の目的の一つは、そういう自分の弱さを見つめなおすことにある。

それにしても、舞鶴を超えたら坂道ばかり。全くの平坦な道はほとんどなくて、少なくともなだらかな上り坂か下り坂。上り坂は無理し過ぎるとふくらはぎとアキレス腱がまたやられるので、足首でなく太ももを使いながら走

ついに京都府へ

らないといけない。下り坂で飛ばすと膝が痛くなるので、これまた早く走るわけにはいかない。なので、どうしても坂道ではスピードが落ちる。

山奥を走り続け、山陰道である国道9号線に合流したのはもう20時になった頃。山陰道は京都から山陰の主要都市を全て巡る道路。これから山口までずっと基本的にはこの道を進むことになる。福知山市内のコンビニで最後のテーピング交換を終えた頃にはもう21時も過ぎていた。到着は1時を間違いなく回りそうだ。旅館の人は、「旅館の鍵を開けておくので、勝手に入ってフロントにある鍵を持って部屋に行ってください」とのこと。いつも旅館の人を夜まで待たせて心苦しく思っていたので、これは気楽でありがたい。

福知山市内を抜けてからは、コンビニもない山間の道を進む。いくつも峠を越えて、兵庫県朝来市の看板が見えた時にはもう午前を回っていた。標高は300mくらいで、気温は氷点下。ついに兵庫県まで来たかと思うと本当にうれしいが、寒くて途方に暮れそうにもなる。

ここには道の駅があるのだけど、この時間には当然のように閉まっているので、コンビニで買い込んでおいたプロテインバーを食べて目的地まで走る。Google Mapが示す通りに、国道から外れた近道を進むと、そこはとっても急な下り坂。ひえええええ、と思いながら足が故障しないように気をつけて走ること2時間弱、ようやく2時45分頃に朝来市の旅館に到着。

市内にはコンビニがあるだろうと思いきや、それは国道から来た場合で、近道を走った結果、近所にコンビニが全く無いことに気づく。お店も当然ながら全て閉まっている。

お腹がどうしようもなく空いたし、食べないで寝ると身体が筋肉を再生してくれないので、バッグに残っていたプロテインバーひとつとアミノバイタル全部を食べて、お風呂に入って足を冷やして眠りに就いたのは午前3時40分頃。地図を見る限り、明日はもっと急な山道を走らないといけないらしい。なかなか苦しい走りだ。

20日目（朝来市→鳥取市東部）

朝来市内の旅館で目が覚めたのは8時15分。寝過ごした。一回7時前に起きたのだけど、さすがに疲れが溜まっていたので二度寝してしまった。テーピングを巻きながら、テレビをつけて天気予報を見る。幸いなことに、この3日間はずっと曇りか晴れ。日本海側ではずっと雨に打たれ続けたので、雨が降らないことの有難さが身にしみる。

鳥取に辿り着くのに、どっちの道を進むかを少し考える。山陰道を進むとなると、400m、300m、200m、100mの峠を越えることになる。もう一つの国道29号線は、県境で900mくらいの山を一度登ればおしまい。純粋に標高差だけをみれば国道29号線のほうがよさそうなのだけど、29号線の道のりをGoogle Mapで見ると、山に雪がかかっているし、地図で見た限り町もほとんど無さそうなので、歴史のある山陰道を走ることにした。千年以上の歴史がある山陰道には昔から人々が利用してきた宿場町が必ず存在していて、それゆえにコンビニなどもところどころにあるはずだから。

宿を出たのが9時半。とにかくお腹が空いて仕方がないので、近くの喫茶店に入り、ご飯を頼む。メニューに書いてあるカレーやらサンドイッチやらを頼むものの、「まだ朝なのでモーニングセットしかないのよ」という答えが返ってくる。「ずっと走ってきてお腹がペコペコなんです」と訴えたら、喫茶店のママがタダで暖かい梅おにぎりを三つ作ってくれた。本当にありがたい。

喫茶店を出たのが10時過ぎ、そこから3㎞くらい行った薬局で底を尽いていたテーピングやらアミノバイタルやらを買い揃え終えたらもう11時になっていた。これから残り80㎞以上を走るのかと思うと随分と気が重くなる。

ダメ元でランニングのフォームを変えてみた。オーバーなくらいに骨盤を動かして、足はそれについてくるくらいのフォームにして、今まであまり使っていなかった腰回りの筋肉を使って走りはじめる。これがだいぶ功を奏して、平均時速が6・5㎞くらいになる。そこからは勢いに乗って、ひたすらに坂道を走り続ける。

一つめの峠を越え、二つめの峠を越えたところでもう19時を過ぎる。新しいフォームのお陰でスピードは出ているものの、下り坂を走るうちに膝と足の裏が大分痛くなってきた。19時半には湯村温泉に着く。足湯があったので、迷わず足湯に浸かる。足を温泉につけながらテーピングを外し、足のマッサージ。それを終えたら、裸足のまま近所の食事処に入り、但馬牛の串焼きとご飯のセットを食べながら、足のテーピングの貼り替え。いろんなことを同時進行させることで、少しでも時間を短縮。

食事も終えて湯村温泉を出たのは20時半頃。この先は20㎞くらいずっと何もない山道を走り続ける。

峠を越えたらすぐに急な下り坂

峠を越えて鳥取県内に入ったのはもう22時半。坂道を下る一歩一歩が痛い。鳥取市の手前にある岩美町の西側を走っているところで、どうしようもなく疲れてしまった。これまでの寝不足と寒さによる疲れが一気に表面化してきたみたいだ。道の側にコインランドリーがあったのでそこに入ってへたり込む。時間は24時ごろ。両足の裏、膝、太もも、アキレス腱全部が痛くてどうしようもない。足をベンチの上に置いて仮眠をするも、寒いし足が痛いしで全く眠れない。しょうがないので、ムクリと起き上がって、手を使ってふくらはぎとももを全力で擦る。マッサージをしながら、体温を上げるため。

コインランドリーを出たのは午前1時過ぎ。30㎞ぶりに出現したコンビニのポプラに入って、大盛りカレーとキングサイズのカップヌードルを食べたら、また元気が出てきた。鳥取市内に入るための最後の峠を越える。この峠を越えようとするタイミングで、またアキレス腱に鋭い痛みがやってくるので、足をなだめすかしながらゆっくりゆっくり走り続ける。

目的地である鳥取砂丘前に辿り着いたのは午前4時手前。午前チェックインで入れるところがなかったので、唯一入れたのはラブホテル。考えてみると、こんな感じに真夜中チェックインするのであれば、ラブホテルは設備的にも価格的にも一番お得かもしれない。

なお、次の日は、朝6時40分鳥取駅発の電車で大阪に向かう必要があった。ホテルで90分だけ仮眠をして6時に出発し、砂丘を眺めながら鳥取駅に行こうとしたら、西日本は日の出時間が東よりだいぶ遅く、6時は真っ暗であることを忘れていた。鳥取砂丘を見るのは次回になりそうだ。

ということで第4ラウンドも終わり。東京でのマイクロファイナンス・フォーラム、カンボジア出張から戻った直後に第5ラウンドで、最後の430kmを走ったら、この長い旅もようやく終わりになる。

最後のラウンドを走り抜ける

21日目（鳥取市東部→鳥取市西部）

いよいよ始まった最終ラウンド。カンボジアから徹夜便で羽田に戻ってきたのが6時過ぎ、家に着いたのが8時前。そこからシャワーを浴び、頭をすっきりさせてから荷物を準備したらあっという間に時間になっていた。急いで出かける。

羽田空港のモノレール駅到着時間が10時31分、フライト時間が10時45分で万事休すかと思っていたけど、なんとフライト時間が10分遅れ無事にセーフ。運をここで使い切ってしまったのではないかと心配になる。

鳥取には12時過ぎに到着し、バスで鳥取砂丘まで行き少し景色を眺めた後に、前回走った場所であるラブホテルまで戻り、ランニング再開。

ここから出雲までは、ＬＩＰメンバーの一人であるニシダが伴走についてくれる。今日は始まりということもあり、23㎞の短い距離。13時半から4時間かけて走り、浜村温泉の旅館に着く。カンボジアからのフライトでほとんど眠れなかったので、今日はお風呂に入って早めに眠ってしまいたいのだけど、生憎ＬＩＰのSkype会議が入ってしまっている。

クラウドファンディングのプラットフォームである「Readyfor?」での約束通り、出資者の方々の代わりにお祈りするために、ここから１４０㎞離れた出雲大社に明後日の午後4時までに辿り着く必要がある。明日からは3時半起床4時出発でいく。

鳥取砂丘は砂漠というより大きな砂場だった

22日目（鳥取市西部→安来市）

朝3時15分に旅館で起床し、温泉に入ってすぐにテーピングやらを巻きつけて宿を出発したのは4時過ぎ。ずっと暗い中を若干ゆっくりと進む。空は快晴で星が美しい。

明るくなってきたのは6時半も過ぎようとした頃で、道は海岸線に入っていた。

この日は風力発電機が悠々と回る風景のなか、基本的に平坦なまっすぐ道を走った。走りやすさとしても、見た目的にも（マリオの）ボーナスステージみたいだった。とはいえ、距離は80㎞以上なので、決して楽なものではないのだけれど、美しい風景が見られるだけで身体は随分と元気になる。

昼ご飯を食べにラーメン屋に寄り、いつも通り待ち時間にテーピングを貼り替えようとした時にハプニングが起こった。剝がしたテーピングごと、足の裏の皮がズルっとむけてしまった。多分、朝に温泉でふやけた足にそのままテーピングをして、かつ防護テープを貼るのをサボったからだ。とにかくこの旅では、こういう一つひとつの気配りの大切さを思い知らされる。きちんと考えていたら、これくらいのことは予想できるはずなのに。

満天の星空

朝日が美しい

むけたところから血が出ていて、ヒリヒリ痛い。しかも足の裏は、いつも靴に入って密閉されていて、汗もかくので、細菌が繁殖しやすい。化膿すると結構たいへんなことになる。いつも水ぶくれができた時に使っている軟膏を塗りたくって、防護テープをはり、テーピングを貼り替える。不思議なもので、足の他の場所が痛いので、こういったヒリヒリ系の傷はほとんど痛まない。

その後、多少のアップダウンもあるものの、基本的には走りやすい平地が続き、日暮れには米子市に入ることができた。

米子の中心地あたりで、国道沿いに出雲そばのお店があったので迷わず入って食べる。「桃太郎電鉄」で出雲には出雲そばがあることを知ってから20年くらい気になっていた。初めて食べたけど、これは確かに美味しい。東京に出店していたら食べにいきたい。

そこから暗くなって、目的地の安来市に進む。安来市に入ったすぐそこにあった道の駅の名前がかなり強烈でびっくりした。その名も、「あらエッサ」。今までたくさんの個性的な名前の道の駅を見てきたけど、これほど強烈な名前のものは初めてだ。なお「あらエッサ」は地元の踊りである安来節の掛け

このあたりは風力発電機が多かった

出雲そば。蕎麦好きにはたまらない

声で、「あらエッサくん」は安来市のご当地キャラである。

安来駅に着いたのはもう19時半頃。カンボジアから無茶なスケジュールでやってきた旅の疲れか、喉が痛くて風邪っぽくなってきたので、駅前にあった薬局に駆け込んでトローチと葛根湯を買う。旅館のおばちゃんは珍しいお客さんに記念品をと言って、旅館のタオルをくれた。

ビールが飲みたいし、身体を回復させるためにタンパク質を摂りたかったので、歩いて100mくらいの居酒屋「かば」に行く。疲れているとこの100mすら遠いのだが、それでも食事の方が大切。ビール大ジョッキと、刺身盛り合わせとマグロ刺身とご飯と日本酒。刺身盛り合わせの量がものすごくて、マグロの刺身も食べたところでもうお腹はいっぱいになる。旅館に戻って21時半には就寝。明日はいよいよ出雲大社。

23日目（安来市→出雲市）

起きたのは3時半頃。夜中には喉の痛みで一回目が覚めるほどに、体調は悪い。準備をして4時20分くらいに旅館を出発。

お腹が空いたので、走り始めてすぐのところにあるポプラでカレーと栄養ドリンクを買う。ポプラのカレーは、ルーをレンジで温めて、ご飯はお店で炊いたものを入れてくれる。他にも唐揚げ弁当なども店内で揚げてすぐの唐揚げを詰めてくれるし、コンビニで手に入る弁当類では一番美味しい。はしたないと知りながらも、歩きながらカレーを食べる。それにしても、この期間、別に誰も気にしないのをいいことに、何でも歩きながら食べるようになった。

国道を走っているうちに、むかし仕事関係で訪問した工場を見かけて驚いた。見知らぬ場所と思っていた土地で、一度でも見たことがあるものに出会うのは、それがたとえ無機質な建物であっても、本当にうれしいものだ。

松江市に入ってすぐのところで、Googleが示す近道に入る。一面のたんぼ道を歩くうちに日の出がやってきた。いつも本当に不思議だけど、太陽は人の気持を前向きにしてくれる。

ところで、もう12月2日になっていた。11月いっぱいで前職の有給消化が終了し、正式に退職をしたので、保険に入っていない状態に自分があることにふと気づく。手続きをすればすぐ保険に入れるのだけど、この状態ではそういったことをすることもできない。大怪我しないことを祈るのみ。

松江市に入り、宍道湖の脇を走る頃には再びアキレス腱が痛みだして、競歩みたいなフォームで走ることになる。後ろからずっと伴走してくれていたニシダはニコニコしながら「慎さん、なんかフォームがどんどんヤバくなってますね」とつぶやいていた。

こういう時にはテーピングの貼り替えが必要。出雲市に入ったらすぐにあった道の駅で長めの休みをとる。唐揚げ定食を食べながらテーピングを貼り替えるとともに、Readyfor? のプロジェクトで約束していた、「出雲大社で代わりにお祈り」をする相手の名前を携帯電話にメモする。それが終わったら50分が経過。

貼り替えていたテーピングをテーブルに一時的に置いていたら、同じく道の駅を利用していたおばさんに「汚い」と叱られる。そういえば、この期間にはいろんな人に叱られたな。こういう基礎的なことができていないのは、子どもの頃から全く進歩していない。特に疲れていると素が出てきてどうしようもなくなる。それを抑えるのが礼であり成熟だと思うのだけど、まだまだ道は遠い。

道の駅を出発したのは13時。出雲大社までの距離は残り18㎞。休息とテー

松江市で拝む朝日

朝陽を浴びる霜。もう冬が来ている

ピングのお陰で足の調子もすこし戻り、時速６㎞で再び走りはじめる。そして、出雲大社にはほぼ予定通り16時に到着。

縁結びの神様がいるらしい出雲大社は噂通りとても立派な神社だった。到着したのが夕暮れ時だったので人も少なく、ゆるりと歩きまわることができた。本殿でファンドレイジング協力者の方々へのお祈りを済ませ、おみやげの縁結びお守りを買ったあとは、自分自身のお祈りをする。新しい仕事で良い縁に結ばれるようにと。

それにしても島根県には神社が多いし、神話の登場人物の姿を見ていても、よくある和装とは出自が異なっているような服装も多い気がする。かといって、中国や朝鮮半島の影響が明らかというわけでもない。大陸と距離的にも近かったので、色々な文化の行き来があり、この独特なスタイルになったのだろうか。

出雲大社の近くのお店で牛肉おにぎりとぜんざいを食べたところで、ニシダとはお別れ。今まで最長で50㎞までしか走ったことがないのに、泣き言一ついわず１７０㎞を走りきったのは見事だと思う（後日談によると、本人は本当に大変だったのだが、それを察知されないように気をつけていたらしい。

出雲大社

痛い痛いと言っている僕とは大違いだ)。

すっかり夕暮れになった後、宿泊予定地まで15kmのランニング。出雲の中心を出てからは平地がなくなり、海岸沿いであっても坂道の繰り返し。やっとの思いで目的地に辿り着いたのは20時頃だった。

元気が出る食べ物を、とあたりを見たら寿司屋があったので入る。メニューも値札もついていない、とても高級そうな寿司屋さん。味もこれまた素晴らしかった。「お寿司、本当に美味しいです」と言ったら、「有難うございます。日本海で採れた魚でも、本当に最高品質のものは全部東京に行くようになっているので、手に入れようとしたら漁師さんと直接契約するしかないんですよ」と話していた。地元の人が支払うよりもずっと高い値段で、東京の高級寿司屋や料亭が仕入をしているので、美味しい魚は全て東京に行ってしまうのだそうだ。

明日も頑張るためにお寿司をたらふく食べ、ビールと日本酒を飲んで、少しビクビクしながら「お勘定はいくらでしょうか?」と聞いたら、全部で4800円だった。安くはないけれど、多分東京で同じことをしたら4倍の値段にはなると思う。東京で修行をしてから地元に帰ってきた板前さんは、

「イナカはこんなもんですよ」と笑っていた。

この先からは、今までと全く違ってほとんど平地は存在せず、ずっと坂道が続くらしい。地元の人でさえ、「ここから先は本当に何もないから気をつけて」と話していた（ところで、この期間「この先には本当に何もないから」と何回聞いたことだろう。多くの人が自分の住む場所は都会だと思っているからだろうか）。海岸沿いだから平地だと思っていた自分が甘かった。気を引き締めて頑張ろう。

目的地のホテルで風呂に入っているうちにやけに息苦しくなり、ホテルの部屋でうずくまりながら10分ぐらいゼエゼエしていた。熱い風呂が心臓に負担をかけたのだろう。さすがに身体も疲れているみたいだ。残り4日、無事に走りきれますように。

24日目（出雲市→浜田市）
どんどん疲れが溜まってきているので、起床時間もずれてくる。昨日眠ったのは12時、朝起きたのは4時半で、ホテルを出たのは5時20分頃。ホテルの中で提供されていた温かいコーヒーを飲んで出発。

例によってお腹が空いて仕方がないので、ローソンに入って食事をとる。今日の朝ごはんは、広島風お好み焼きとどん兵衛特盛。外の気温は0度近いので、お好み焼きは一気に冷えきってしまったが、どん兵衛は温かいままで、歩きながら食べ終えたらまた元気が出てきた。

昨日の寿司屋でお話を聞いた通り、この日はこれでもかというほどに坂道の連続。峠は一番高いものでも200mもないくらいなのだけれど、絶え間なく坂道が続くので、累積の標高差ということでいえば1000mは軽く超えていると思う。地図を見る限り、本当に何もなさそうなので、途中で入った大田市で見つけたドラッグストアでテーピングを多めに買い込んでおく。

その後もずっと山道が続く。しかも、道幅が狭く、歩行者用道路も存在しない。車はすごいスピードで通りすぎていくので、精神的なストレスもかなりのもの。特にトンネルはこれまでに走ってきたなかで一番狭く、相当に怖い。

ようやく40㎞を過ぎて、山間の温泉津温泉（ちなみに、これは「ゆのつおんせん」と読む）に来たあたりでドライブインに入り、天ぷらそばとホット

このトンネルとか本当に怖かった

ケーキとコーラを注文し、待ち時間と食べながらの時間でテーピングを貼り替え。レストランのおじさんが、頑張れと温かいお茶を入れてくれた。

この温泉津温泉を出発して江津市に入ってようやく平坦な道が10㎞くらい続く。もう足はかなり痛くて、少しでも気を抜いて走っていたらかなり深刻なダメージが身体に残りそうな状態になっている。走るフォームだけに意識を集中させて、走り続ける。

最後の峠を越えて浜田市に入ったのは21時頃。ここにもあった居酒屋「かば」（どうやら安来で入ったのが本店だったらしい）で刺身の盛り合わせとご飯とビールを食べる。のどぐろが美味しかった。

ホテルに着いてベッドに寝っ転がったらすぐに意識不明になり、1時間後に目が覚める。仕事のメールを返したり再来週のフライトのブッキングをしていたのだけど、航空会社のシステム処理にとても時間がかかり、1時間以上かけて予約が取れたと思ったら実はその便が取れないことが分かり、茫然自失したところでもう時計は午前1時半。とりあえずは3時間だけでも眠ろうと決めて眠りにつく。

刺身盛り合わせ

25日目（浜田市→須佐駅）

なんとか午前4時40分に起きて、テーピングを貼り、ホテルを出たのは5時20分頃。身体が温まる前には足も重く、近くにあるセブン-イレブンまで歩くのに一苦労。今日の朝ごはんは、チキンバーガーとどん兵衛の天そばにコーヒー。それと、ここから先にはあまり店が無さそうなので、食料を大量に買い込んでおく。

セブン-イレブンの店員のお姉さんが、商品を袋にいれている間に「自転車ですか？」と聞いてきたので、「いえ、ランニングです。あと少しで下関です」と答える。「大変だねえ。頑張ってくださいい」と励まされる。

買い物を終えてどん兵衛にお湯を入れたりコーヒーを入れたりしている間に、貼るホッカイロを買い忘れていたことに気づき、またそれを持ってレジに行く。この時期になると朝は氷点下になるので、ホッカイロがあったほうが随分と楽になる。

レジにいたのは、さっきと同じ店員さん。「ホッカイロなら私持っているよ。おばさんので良かったらあげようか？」と持ってきてくれた（ちなみにこの人はおばさんと自称していたけど、本当に若々しい人だった）。店を出る時に「気をつけて行きんさいね」とかけてくれる一言がありがたい。この旅の期間は、何回も人の優しさに救われた。

この日もずっと続くアップダウン。特に益田市までは本当にこれといったものもなく、坂道の登り降りを続ける。あまりにもしんどかったので、iTunesストアでZARDの「負けないで」を購入。早歩きのテンポで進む曲なので、坂道を登るのにちょうどよいだけでなく、「負けないで　ほらそこに　ゴールは近づいてる」という歌詞が今の状況にピッタリだ。何回も同じ歌をリピートさせながら益田市まで向かう。

今日のゴールまで残り25km地点である益田市についたのは15時頃。ここで、ついに京都から走り続けてきた山陰道に別れを告げて、最後の国道191号線に入る。あとは基本的にこの道をずっと通って下関まで行くだけ。ユニクロがあったので手袋と下着を買う。元々持っていた手袋はなぜかボロボロにやぶれてしまい、靴下も擦り切れてしまっていたからだ。パンツについては替えを持ってくるのを忘れ、この3日間は毎日同じものを夜ホテルに着く度に洗っていた。

その後、ユニクロから歩いてすぐのところにあるガストに入り、豆腐サラ

先にある交差点を右に曲がると、国道191号線

ダとぜんざいとオムライスを頼む。テーピングを貼り替えていたタイミングで、マキが新しい靴を持ってやってきてくれた。履いていた靴は、もう固いゴムの部分は消え失せ、クッション素材である白い発泡スチロールのような部分すらも半分すり減っている状態。新しい靴を履くと、顔を入れ替えた時のアンパンマンはこんな気分なのだろうなあと思った。靴のお陰で足元も大分安定してきた。15分仮眠をとって、17時前に益田市を出発した。

マキも数キロは一緒に走ると言い、ついてきていた。本当は戸田小浜駅でお別れして、そこから彼女は電車に乗る予定だったのだけど、駅があまりにも暗くて寂しく、ここで1時間弱待つのには不安を覚えたらしく、結局、次の飯浦駅まで一緒に走ることになる。真っ暗な道中を、２人分の荷物を抱えて走り、がらんとした飯浦駅でマキが電車に乗るのを見届けてから、今日の目的地である須佐まで向かう。

ずーっと続く長い坂道を歩いて登り抜けたところで、山口県に突入。青森県からやってきて、ついに最後の県に辿り着いた。事前に調べたところによると、益田市を抜けてからは40㎞以上コンビニが全く無いという情報だったのだけど、少し進んだところでポプラを発見。迷わず入って、最後の食料を調達して、残り10㎞先にある須佐に向かう。

須佐から徒歩1分の好月旅館に着いたのは21時20分頃。旅館の人は、「ご飯が冷めてはいけないから」と食事を調理せずに待っていてくれた。

須佐之男命が降誕したという須佐で取れるイカは、男命イカ（みことイカ）といって、この旅館ではその踊り食いを出してくれる。踊り食いは精神的にも大変な食べ方ではあるけれど、命を頂いているという有難さを教えてくれる。

山口の有名な日本酒といえば獺祭《だっさい》なので、獺祭を頼んだら、「日本酒にしますか？　焼酎にしますか？」という返事が返ってきた。獺祭の焼酎があるなんて初めて知った。日本酒の香りがする不思議な焼酎で、非常に美味。

美味しい料理で元気が回復したところで、就寝は12時。あと2日。

26日目（萩市 須佐→長門市）

4時半に起床し、暗いうちに旅館を出発する。とにかく眠い。近くにはコンビニも無いが、旅館のおばさんが作ってくれたおむすびを食べて出発。

暗い坂道を歩き、早速一つ目の峠を越えるころには夜が明ける。海岸沿い

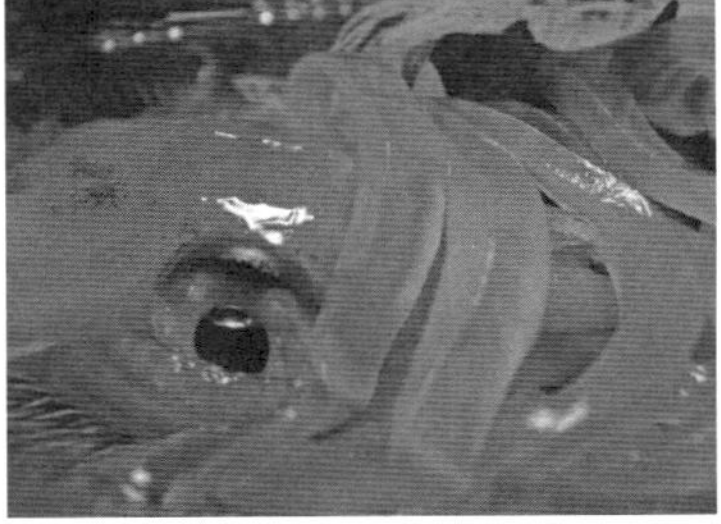

男命イカ。命に感謝して、最後まで頂きました

の通りを走り続ける。

とにかく今日は眠い。走り続けながら眠ってしまいそうなくらい眠い。何か身体が危険信号を出しているような気もするし、このままだと走りながら眠って車に轢かれるかもしれないと思ったので、途中にあった阿武町の道の駅でコーヒーとパンを口にして20分間仮眠する。目が覚めたらまたノソノソと走り出し、萩市の市街まで向かう。

大学の軽音部の先輩であるトニーさんと一緒に来たことのある萩は相変わらず気品のある町だった。長州藩のリーダーたちの旧家がそのまま保存されている区画は特に美しい場所だ。

萩を越えると、今度は長門まで向かう峠道。Google Map の示す通りの近道を進んだら、ずっと坂道の連続で若干辟易する。途中でアキレス腱に嫌な痛みを感じたので、飯井のあたりでテーピングを貼り替える。日陰の寒い中でテーピングを貼り替えたので、足が痛くなるくらい冷えきってしまったが、どうしようもない。とても急な坂道をとぼとぼと歩く。

長い峠道を越えた頃には辺りが暗くなり、ヘッドライトをつけてのナイトランを開始する。長門市街に入ってからは平坦な道を進み、そこを越えると

萩市の町並み

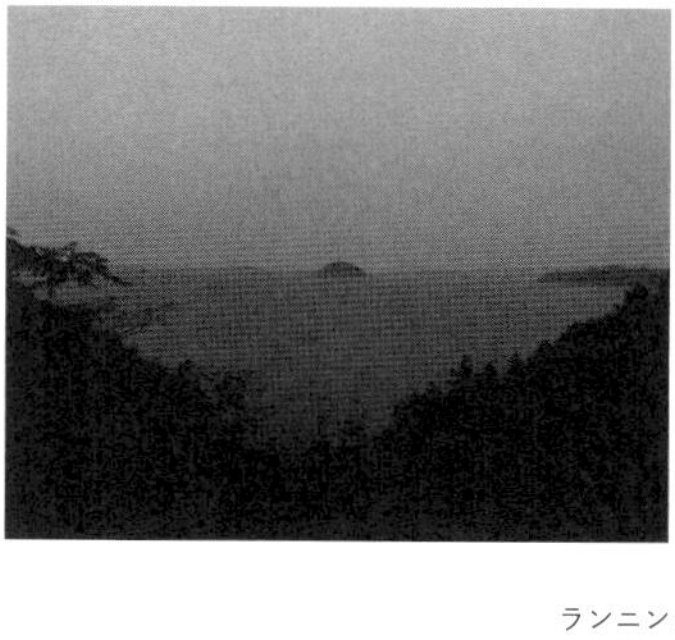
長門に向かう高い峠を登りきったところで暗くなってきた

また小さな峠道。

今日は、トニー先輩に楊貴館というホテルに泊めて頂く約束をしていたのだが、その約束の時間は20時半。どうしても間に合いそうにない。峠を登り、県道286号線に入って1㎞くらい走ったところで、彼が車でピックアップしてくれた。ホテルに着いたのは20時40分頃。

ホテルで待っていたのは、ふぐ料理のフルコースと獺祭。この期間に食べたどのご飯よりも美味しかった。温泉も、ぬめりがある独特の泉質をしていて、疲れた足を癒してくれた。

酒と温泉のお陰で眠気がやってきて、24時には正体もなく眠りにつく。いよいよ明日でこの長い旅も終わりになる。

27日目（長門市→下関駅）
ついにやってきた最終日。
ホテルのベッドの上で目が覚めたのは午前7時。完全に寝坊した。しかも、今日の午前9時までに提出しなければいけない仕事の資料作成を全くすっぽかしたままだった。身体にも熱がある。原因は昨日そのままベッドに倒れこんで眠っていたためで、布団をかぶっていなかったから。しかも、毎晩やっていた足のアイシングもしていない。最後の最後に自分の詰めの甘さを呪う。でも、後悔してもしょうがない。前を向こう。

朝7時半からホテルで朝ごはんを食べる。ご飯は4杯お代わり。食べられるだけ食べる。身体が食べ物を消化している間に、朝までに作らないといけない資料を作りこむ。そして、テーピングを終えてホテルを出発したのは9時20分。先輩がピックアップしてくれた場所まで車で送ってくれた。

9時40分頃からランニング開始。疲れが溜まっているので、想定時速は5km以下、70kmの距離を走るのには14時間はかかるので24時頃到着かと覚悟を決めていた。

しかし、走り始めてから身体の変化に気づく。体調が、これまで走っていたどの日よりもいい。温泉と美味しい食事と深い睡眠、さらに今日が最後だという状況からくる精神的高揚感も効いているのだと思う。ランニングの時速を測ってみたら、7・5kmくらいまで出ていた。休憩を入れても時速6・5kmくらいで快調に進む。しかも、今日の道はとてもなだらか。

美しい海岸線沿いを走りながらこのマラソン最後の夕日を拝んだところで

先輩の車。ルパン三世みたいでかっこいい

このウルトラマラソン最後の夕日

日が暮れはじめ、下関駅から28㎞のところにあるコンビニ（やっぱりポプラ）で一休み。唐揚げ弁当を食べながらテーピングを貼り替える。最後の28㎞は、時速7㎞くらいで進むことができた。とにかく快調。これまでの苦労が嘘だったかのように体調が良くなっている。

18㎞も走ったところで下関の中心部に入る。ゴールまで残り10㎞。大都市で街灯の光が十分にあるので、ヘッドライトも不要になる。明るい市街地を走り抜け、下関駅に到着したのは午後10時頃。長い旅が終わった。

ホテルにチェックインした後、近くの焼肉屋まで歩き、タン塩・ハラミ・ミノと大盛りライスとカルビうどんを食べ、ホテルの中にある浴場へ。明日も朝から仕事があるとはいえ、時間を気にする必要もなく、ゆっくりと湯船につかりながら、ホテルに置いてあった漫画を読む。部屋に戻り、1時には眠りにつく。

長い距離を走り終えた最後はいつもそうだ。ゴールはそこにあるのだけど、そこに辿り着いた時には、ゴールはただの通過点と化していて、そんなに大きな達成感が湧き上がってくるわけではない。ゴールに辿り着いた時点で、次の何かがまた見えてくる。ああ、終わりはなく、ただただ方向だけがあるんだなあと思う。

終わりに——千日回峰行を満行した阿闍梨に会って克己と仕事について考える

阿闍梨のアドバイス

本州縦断マラソンをした後に、大峯千日回峰行を満行した、塩沼亮潤《りょうじゅん》さんにお会いする機会があった。本来は回峰行を満行したお坊さんは阿闍梨《あじゃり》と尊称するべきなのだけど、塩沼さん自身が「阿闍梨だなんて呼ばんでいいよ。塩沼さんでいい」と言ってくださったので、塩沼さんと書くことにする。

この千日回峰行に比べると、僕の行った本州横断マラソンはおままごとのようなものだ。高低差1300mの山の往復48㎞を、毎年春から秋にかけて何年もかけて毎日往復し続けること1000回、というとんでもない修行だ。塩沼さんはそれ以外にも、9日間、眠らない、横にならない、食べない、水を飲まない、という四無行という修行も満行されている。

友人の紹介で、塩沼さんのいらっしゃる慈眼寺に行き、塩沼さんとお話をする機会を頂いた。塩沼さんは、顔を見ただけで清々しい気分にさせてもらえる澄んだ目をしていて、しかも持ち前のひょうきんさで人を笑わせるのが本当に得意な方だった。インドのマハトマ・ガンジーと共に過ごしていた人々が、ガンジーのユーモアのセンスについて口をそろえて語っていたのを思い出させてくれた。

そんな、肩の力が抜けきった塩沼さんに、いつか会うことができたらどうしてもしたかった質問をしてみた。

「私は、ウルトラマラソンをしていて、本当に苦しい状態でも走り続けることを通じて、素直な気持ちを持てたり、またとても静かな世界に入ることができることを学びました。この感覚というのは自転車に乗ったようなもので、一度感覚を覚えたら忘れないものだと思っていたのですが、でも、実際の生活に戻ってみると、数週間と経たないうちにまた元に戻ってしまいます。その度にまた長い距離を走るようになるのですが、塩沼さんほどの阿闍梨になると、そんなことはないのでしょうか。私に単に修行が足りないということなのでしょうか」

これに対して、塩沼さんは次のように教えてくれた。

「私が山で学んだことは、いわば大学でものを学んだようなものです。そこにいる間は分かった気持ちになるかもしれないけれど、実際に世間に出てきてそのままに活かせるかといえば全く別の話。私自身も、山から下りてきて世間の中でたくさん試行錯誤をしてきました。そして今があるわけです。あなたはちょっと肩に力が入りすぎているね。そんなに難しく考えず、もっと気楽にやったらどうですか」

さすが阿闍梨、僕なんかよりはるかに先に行っているなあと感じさせられるお話だった。

僕が走ることを通じて学んだことは、ちょっとした本を読んで学ぶよりもはるかに深いものであると思う。だけど、一つの経験を通じて学んだことを、日常生活全般に活かせるようになるまでには、さらに多くの試行錯誤が必要なようだ。例えば、激しく議論をしている時にも、どうやって走っている時と同じように、心を平静にとって素直に人の意見を聞き入れることができるか。まさにそれこそが修行であり克己なのだと思う。

己に打ち克つというのは、単に挫けそうな自分や恐れを抱いている自分に打ち克つというものではない。それは克己の序の口のようなもので、もっと難しいのは、慢心や意地といった自分可愛さ・自意識からやってくる感情に打ち克つことにある。

自己愛との長い長い闘い

西郷隆盛は、こうやって自己愛に打ち克った人こそが大事を為すことができるのだと説いた。彼は、多くの人が事を為す時に10のうち7~8までは達成できても最後の2~3を成し遂げられないことがほとんどなのは、この自己愛のせいだという。

西郷はこう言う。最初のうちは、謙虚・素直に物事にあたり事業に専心するから、事業も成功し名声も得られる。しかし、それにしたがって、いつのまにか自己愛が強くなり、己を慎もうとする気持ちが緩み、心に驕りが生じ、自分のやった事業を誇るようになり、自己中心的な心から正しくない事業を行ってしまい、最後には失敗する。その失敗は、みな自ら招いたものであると、彼は喝破した。身の周りを見ても、そういう残念な人は事業の規模によらず多いのではないだろうかと思う。

知の師匠と慕う横山禎徳《よしのり》さんも同じことを話していた。「ちょっと成功するとあっという間におべんちゃらを言う取り巻きが増えて、向上心を失う人が本当に多い」と横山さんは言う。「胸に留めて、注意深く生活しようと思います」とお話をしたら、「注意してもどうなるものじゃないんだけどなあ」とポツリと言った。

まだ起業したての人間がこんな用心をするのは誇大妄想なのではないかと思いつつも、本当に大きな仕事をしようと思うのであれば、事業を軌道に乗せることだけではなくて、事業を立ち上げたあとにさらにそれが成果を出せるようになるために何をするべきかを考えるべきなんだと思う。

いつまでも自己満足せず驕らず仕事に専心し続けることと、普段の生活から自分に打ち克つ訓練をすることはつながるのだと思う。一朝一夕で身につくものではなさそうなので、毎日が終わることのない訓練なのだろう。

だから、僕は走り続ける。

著者について

慎 泰俊（しん・てじゅん）

1981年日本生まれ。朝鮮大学校法律学科卒業後、海外MBA留学を目指すも挫折し、早稲田大学大学院ファイナンス研究科に入学、修了。

大学院在学中からモルガン・スタンレー・キャピタルで働き始め、同社のグローバル不動産投資ファンドの運用における財務モデルの作成や負債管理システムの構築などに従事。2010年からはユニゾン・キャピタルに投資プロフェッショナルとして入社し、投資の実行、売却、負債リストラクチャリング他、数多くの投資プロジェクトに従事した。担当したあきんどスシローの売却案件は、後にプライベート・エクイティ・インターナショナルから、“Exit of the Year in Asia”として表彰される。

プロフェッショナルとしてのキャリアの傍ら、2007年に認定NPO法人Living in Peaceを設立し、平日の深夜と週末・休暇を費やして機会の平等を通じた貧困削減のために活動している。2009年には日本初となるマイクロファイナンス投資ファンドを企画し、これまで8件の投資が実行された。国内では、親と暮らせない子どもの支援に従事し、これまで二つの児童福祉施設の新設に関わる資金調達支援、退所後の子どもの就学資金支援、政策提言活動などを行ってきた。

2014年7月に五常・アンド・カンパニー株式会社を創業し、2015年10月時点で、カンボジア、スリランカ、ミャンマーにある子会社を通じて現地の貧困層にマイクロファイナンスを提供している。最近までは、カンボジアの子会社であるMaximaの実質上のターンアラウンドマネージャーとして同社の経営改善に従事していた。

あることがきっかけになり佐渡一周208kmウルトラマラソンに挑戦し、完走する。その後、凡庸なランナーながらも、様々な長距離レースを走ってきた。2013年末には本州縦断1648kmウルトラマラソンを一人で企画して完走。起業後も、問題に直面したときには一人で長距離を走っている。

使用可能言語は、日本語、朝鮮語、英語。日常生活レベルでクメール語を使用可能で、その他の言語も学習中。趣味はドラム、写真、キックボクシング、読書。特技は囲碁六段。

著書に『15歳からのファイナンス理論入門』『ひらめきとイノベーションの授業』（共にダイヤモンド社）、『働きながら、社会を変える。』（英治出版）、『ソーシャルファイナンス革命』（技術評論社）、『未来が変わる働き方』（ディスカヴァー21）、『正しい判断は、最初の3秒で決まる』（朝日新聞出版）、『外資系金融のExcel作成術』（東洋経済新報社）など。

ランニング思考《しこう》
——本州縦断マラソン1648kmを走って学んだこと

2015年10月30日　初版

著　者　愼 泰俊

発行者　株式会社晶文社
東京都千代田区神田神保町1-11

電　話　03-3518-4940（代表）・4942（編集）
URL http://www.shobunsha.co.jp

印刷・製本　ベクトル印刷株式会社

ISBN978-4-7949-6896-8 Printed in Japan